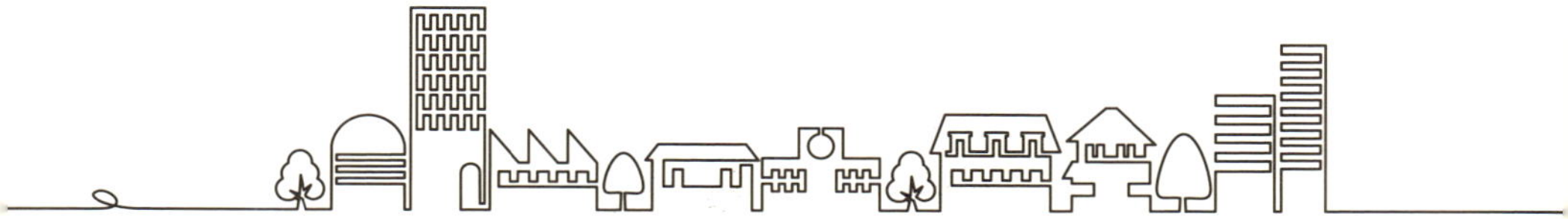

「社会に開かれた教育課程」を実現する高校

―これからの社会を見通した学校経営と授業―

辻敏裕・堂徳将人 編著
（北海道高等学校教育経営研究会）

はじめに

高等学校新学習指導要領が、いよいよ2022（令和4）年度から年次進行により実施される。この新指導要領では、「社会に開かれた教育課程」が重視されているとともに、「主体的・対話的で深い学び」に向けた授業改善、「カリキュラムマネジメント」の確立が求められている。また、高校教育改革、高大接続改革、大学教育改革が三位一体で進められているいま、大きなカギを握る2020年度に実施される「大学入学共通テスト」の動向も気になるところである。

そんな中、北海道高等学校教育経営研究会では、2011（平成23）年3月11日の東日本大震災を契機に、ポスト3・11の社会では市民が主体的に社会形成に参加する市民社会であることが求められると考え、こうした市民を育む教育＝シティズンシップ教育の推進を掲げ研究を進めてきた。その成果は『現場発 高校教育の未来』（学事出版、2012年）、『高校生を主権者に育てる』（学事出版、2015年）の2冊に著した。

新指導要領で示されている内容は、全く新しい概念ではなく、これまで私たちが推し進めてきた教育実践の延長線上にあるもので、これからの教育の方向性を端的にまとめたものととらえている。前著でもふれたが、シティズンシップ教育の推進には「受験のための学力観」「進路実績重視」「チョークとトークの授業」「教員の市民的感覚の欠如」からの脱却が必要であり、そのカギを握るのが「社会に開かれた教育課程」であると考える。

本書では、「社会に開かれた教育課程」をキーワードに当研究会で検証、研究を行ってきたこれまでの教育実践について報告し、「社会に開かれた教育課程」の実現に向けた提言とする。

２０１９年10月

北海道高等学校教育経営研究会会長　辻　敏裕

目次

第1章

現場がとらえた「社会に開かれた教育課程」

「社会に開かれた教育課程」については、すでにいくつかの解説書が出されているが、そこでは来るべきSociety5.0の社会における教育の在り方として抽象的に解説されているものが目立つ。そこで、私たち高経研では常に学校現場に軸足を置き、身近な教育改革の実践を目指してきた経験から、現場がとらえる「社会」と「開かれた教育課程」とは何かという視点から論を展開したい。

1 「社会に開かれた教育課程」とは
～現場がとらえる「社会」と「開かれた教育課程」～

これまでの学校教育においては、「地域に開かれた学校づくり」が求められていた。

私たち北海道高等学校教育経営研究会（以下、本書では高経研と記す）では、「地域」とは何か、「学校を開く」とは何かについて研究し、その実践に務めてきた。この間の経緯を述べることは本旨ではないので割愛するが、結論的には「地域」とは狭くは校区、広くは都道府県（北海道）と考え、「学校を開く」とは地域に根ざした、地域とともに、地域を創る教育の推進ととらえた。そして、〝北海道の未来は自分たちで創ることができる〟という思想で「教育活動を開く」、つまり地域の教育資源・人材を活用し、地域とともに子どもたちを育むことを目指した。すなわち、高経研の活動は、北海道の未来を切り拓く教育の新たな挑戦であると認識していた。そのためには「今」だけではなく20年後、30年後の未来を見据えた取組が不可欠である。そこで、高経研では「北海道2030年の未来像と高校教育」を課題に研究を続け、その成果に基づく身近な教育改革の実践に努めてきた。

こうして、従前の「開かれた学校づくり」については、教育の場を開く、学校と社会の垣根を低くすることによって、地域から信頼される学校づくりを目指し、地域の教育力を活用して学校の教育機能の強化を図ってきた。具体的には、授業公開や学校行事への地域住民の参加、学校評議員会の実施などに努めてきたところである。

「社会に開かれた教育課程」と学校の役割

そして、2018年3月に高等学校の新しい学習指導要領が告示された。「主体的・対話的で深い学び」「アクティブ・ラーニング」等がキーワードとして注目され、これまでの改訂とは一線を画す改訂となった。高大接続改革（大学入試改革）が並行して進んでいたこともあり、現場の注目度も高い。それを象徴するように、まだ先行実施期間であるにもかかわらず、全国の高校で授業改善の雰囲気が高まっている。

そうした新指導要領の中でも、特に「社会に開かれた教育課程」の実現の重要性が強調され、私たちもここに注目をした。先述したとおり、私たちは「地域に開かれた学校づくり」を目指してきたわけだが、それと「社会に開かれた教育課程」が違うのか、地続きなのか、そもそも「社会に開かれた」とはどういうことなのか、大いに疑問がわいたからである。

文言的には「地域」が「社会」、「学校づくり」が「教育課程」に置き換えられただけとも見えるが、単なる言い回しの問題ではない。若干乱暴な言い方でまとめると、これからのあるべき「社会」を見据え、「地域とともにある学校、地域を創る中核としての学校」を意識した教育課程の編成・実施ということであり、「地域に開かれた学校づくり」の取組を発展的に充実させる内容であるととらえた。

したがって、今求められていることは、学校と地域が一体となって教育に取り組む「地域とともにある学校」の姿を考えることである。つまり、時代の要請として、複雑化する学校課題への対応、各種取組を通じた家庭や地域の教育力の回復、さらには「地域（社会）づくり」といった地域創生の役割が期待されている。

これまでは地元市町村からの財政的支援、授業に協力してもらう地域人材の活用や地域企業との連携といった取組を進めてきたが、これからはさらに進めて、地元市町村の未来戦略（施策）と一体化した教育活動、あるいは地域の人たちの活動や地域企業等への積極的参加・交流を通した教育活動を通して、「地域とともにある学校、地域を創る学校」としての機能を一層発揮する必要がある。

学校と地域

「社会に開かれた教育課程」では、学校教育目標の具現化のため、教育課程の編成（カリキュラム・マネジメント）を通して、具体的な授業改善を図ることが大事であると考えられる。そして、その中核には「地方創生」の考え方があることに留意する必要がある。このことは、地域に根付いた、グローバルな視点に基づいた活動、すなわちグローカルの発想に基づいた活動が重要となるということである。

新指導要領の「解説」にも「学校と地域の連携・協働が進められてきているところであり、これらの取組をさらに広げ、教育課程を介して学校と地域がつながることにより、地域でどのような生徒を育てるのか、何を実現していくのかという目標やビジョンの共有が促進され、地域とともにある学校づくりが一層効果的に進められていくことが期待される。」とある。したがって、「地域に開かれた学校づくり」を創意・工夫しながら推進・実践してきた学校にとって、「社会に開かれた教育課程」はこれまでの取組の延長線上にあるもので、全く新しい概念が突然現れたものではないといえるだろう。

「社会に開かれた教育課程」と授業の改善

私たちは、3・11の東日本大震災を契機にシチズンシップ教育（市民性教育）の在り方を追究してきており、これまでの「チョーク&トーク」の授業からの脱却、すなわち「主体的・対話的で深い学び」への授業改善や教科横断的な学習の取組、地域の人材・資源を活用した総合的な学習の取組などを身近な教育改革として実践してきた。その内容は『高校生を主権者に育てる～シチズンシップ教育を核とした主権者教育～』（学事出版、2015年）にまとめた。これらの取組はまさに「社会に開かれた教育課程」の具現につながるものであり、「社会に開かれた教育課程」とは、これからの社会を担う市民を育む教育にも通底する理念（思想）であるといえる。

また、「社会に開かれた教育課程」実現のためには、ＩＣＴ環境の整備が欠かせない。しかし、Wi-Fi環境の整備、タブレット端末等の台数等々、全国の高校ではまだまだ整備が進んでいない。私たちの道立高校でも、まだまだ進んでいないのが現状である。

しかし、スマホ世代の子ども達にとってタブレット操作はお手の物である。人差し指一本での操作はすばやい。ラインやフェイスブック等を日常的に使用しているので、親指一本での文字入力も目にとまらないほどのスピードである。したがって、タブレットを使用した授業は、アプリを活用し、上手に展開すれば、寝る生徒もなく生き生きとした活気ある授業になる。一方で弱点としては、キーボードを使っての文字入力や添付ファイルの送信ができない点である。

高度情報化社会の中で環境の変化に順応した子どもたちを相手にする、これからの学校教育、授業は、上記したような子ども達の弱み強みは理解しつつ、否応なく変化せざるを得ない。私たち教員が旧来的な学習観、学力観、授業観にこだわっている限り学校教育の進展は見通せない。私たち自身が主体的に変化、順応していく必要があることを、新指導要領からは示唆されたと考えている。

国の動向について

新学習指導要領以外でも、たとえば教育再生実行会議第11次提言「技術の進展に応じた教育革新、新時代に対応した高等学校改革について」では、Society5.0で求められる力と教育の在り方や「STEAM教育」の充実などが提唱された。そしてその実現のため、AIやデータサイエンス分野の教育の充実なども求めている。さらに、新時代に対応した高等学校改革として、学科の在り方、特に普通科の再編に言及し、①キャリアをデザインする力の育成重視、②グローバルに活躍するリーダーとしての素養の育成重視、③サイエンスやテクノロジー分野等におけるイノベーターとしての素養の重視、④地域課題の解決等を通じた探求的な学びの重視の四つを例示している。これに基づき、中央教育審議会でも新たな高等学校について議論が始まっている。

現場では、「また新しい改革が始まった」と考える向きもあるだろうし、「普通科はなくなってしまうのだろうか」と心配する声も上がっている。しかし、こうした類型化や特色ある教育はすでに取り組まれてきていることでもあることは確認しておきたい。各学校においては、地域の特性や生徒の実態、さらには市町村からの要望・期待、支援・協力のもと特色ある様々な教育を暗中模索しながら実施している。こうした現場の状況も視野に入れていただきながら、「類型化」の名の下、硬直的、画一的な教育につながるような提言にならないよう、国の方でも議論を進めていただきたいと考える。

「社会」のとらえ方

さて、今一度「社会に開かれた教育課程」という言葉に戻りたい。そもそも「社会」とは何であるか。この「社会」をどうとらえるかあらためて考えてみたい。

たとえば「社会」を考えるとき、それは「地域社会」「未来社会」という言い方があるように、空間的広がりと時間的広がりをもってとらえることができる。私たちは、北海道の広域性、特殊性の観点を踏まえ、これからの「社会」をどのようにとらえるべきかを課題に研究に取り組んできたことは既に述べた。今回もこれまでと同様、横軸を時間的な流れ、縦軸を空間的な広がりとし、平面状のエリアとしてそれぞれの社会のあり様を考えてきた。

まず、時間軸に沿って社会の流れを見てみる。わが国の「未来投資戦略２０１８」（総務省、平成30年6月15日）では、「第4次産業革命の社会実装によって、現場のデジタル化と生産性向上を徹底的に進め、日本の強みとリソースを最大活用して、誰もが活躍でき、人口減少・高齢化、エネルギー・環境制約など様々な社会課題を解決できる、日本ならではの持続可能でインクルーシブな経済社会システムである「Society5.0」を実現するとともに、これによりＳＤＧｓの達成に寄与する。」と基本的な考え方として示している（参考：Society1.0（狩猟社会）、Society2.0（農耕社会）、Society3.0（工業社会）、Society4.0（情報社会）、Society5.0（超スマート社会））。

次に、空間的な広がりから見ると、まず考えるべきは「地域」である。新指導要領の「解説」には「地域には、都市、農村、山村、漁村など生活条件や環境の違いがあり、産業、経済、文化等にそれぞれ特色をもっている。こうした地域社会の実態を十分考慮して教育課程を編成することが必要である」とある。学校としては校区としての地域、行政区分上の地域がもっともとらえやすいところであるが、生活・文化・風土が統一的、同質的である空間としての地域を「地域」として定義するならば、北海道で言えば「石狩」や「十勝」といった生活圏域を意識することができるし、さらに広く「北海道」「日本」「アジア」「世界」「地球」「宇宙」と、グローバルにどんどん広がっていく。また「社会」についても、「地域社会」「市民社会」「未来社会」など社会構造や、空間的、時間的な広がりと組み合わせて様々なとらえ方ができる。

ただし、文部科学省をはじめとする国の議論をみていると、どうしても「社会」とは一般的に大都市部を中心に考えられている印象がある。つまり、大都市中心の「社会」を想定し、そういった「社会」を担う人材育成を念頭において「社会に開かれた教育課程」が考えられているのかもしれない。

もちろん、第一義的には大きなくくりで考えるべきだろうし、その方向性自体は正しいと考えられる。しかし、地方の各学校においてもそのまま都市型の社会を想定して教育課程を開くということでいいのであろうか。おそらく、それは違うのではないだろうか。たとえば、地域で必要な人材といった場合、都市部と地方では必要とされる人材は違うだろうし、求められる役割も違う。大都市部は違うだろうが、地方の高校ではどうしても立地している「地域社会」を意識し、「開く」ことを考えざるを得ない。

北海道における「地域社会」

そう考えると、「地域社会」のとらえ方は学校によって違って当たり前だが、空間軸に沿ってみれば狭くは立地地区から、校区、市町村、北海道、日本、アジア、世界とその認識は様々な広がりを持ってくる。また、時間軸に沿ってみれば、教育は未来に向けて行われるものではあるが、ＡＩ時代を背景にしつつ、地域の切実な問題として過疎や衰退からの脱却あるいは現状維持が求められる地域もあれば、たとえばスマート農業を導入した一次産業の隆盛など社会の未来像を追い求める地域もある。こうした地域社会の特性に根ざした未来社会構造を、地域社会とともに描き、共有しなければ、「社会に開かれた教育課程」も絵に描いた餅に過ぎなくなり、実効性も薄れる。

たとえば私たちの北海道の北部に音威子府《おといねっぷ》という村がある。音威子府村は、人口７７０人、世帯数４９３世帯（２０１８年）の北海道で一番小さな村である。年齢別の人口分布では15～18歳にピークがあるが、これは村立北海道おといねっぷ美術工芸高等学校（以下、おといねっぷ高校）の生徒を村外から受け入れているからである。在校生約１２０名のうち大半の生徒が村内の寮に入っており、同校生徒が村の総人口の約15％を占めている状況だが、ほとんどが村外の出身者で村出身者は1%にも満たない。しかし、彼らは村には残らず、高校卒業後は村から出て行く。したがって、結局、高齢化率は高いままである。ちなみに、道内の市町村１７９のうち１６０番目の高齢化率となっている（1位は夕張市、2位は歌志内《うたしない》市、上砂川町と続いている）。

そんなおといねっぷ高校であるが、元々は１９５０（昭和25）年に北海道名寄《なよろ》農業高等学校音威子府分校としてスタートした。その後、生徒減が続き、ついには廃校の危機に見舞われた。しかし、村の強い意向により、道立から村立への移管が求められた。結果、１９８４年に移管が実現。現在に至っている。

このように、当然ではあるが村の行政と一体となって、高校の在り方が考えられている。たとえば、村の総合行政改革プラン「音威子府村まち・ひと・仕事創生総合戦略」では、「おといねっぷ美術工芸高等学校の維持・発展及び卒業生の定住・Uターン促進へ向けた取組を進めることは、人口減少・少子高齢化の問題・課題解決への大きな可能性を含んでいることから、同校の存在は人口問題に対応するための本村における最大の強みである」と述べられており、高校が村の活性化の一翼を担っていることがわかる。また、おといねっぷ高校を中心に置き、「村の振興の要となる高校の機能強化」「卒業生のための雇用の場の創出」「高校を軸とした人の流れの促進」「高校生参加による個性的で魅力ある村づくり」を四つの基本目標として設定している。まさに、地域とともにある学校、地域を創る中核としての学校を地で行っている。

これは極端な事例かもしれないが、こうした学校での「社会」とは、人口問題を抱える地域社会＝村であり、地域創生の役割も重い。村の総合戦略と一体化した学校教育の推進が求められており、そこでの未来社会を見据えた人材育成への期待も大きいことがわかる。

ここまで、「社会に開かれた教育課程」の「社会」と「開かれた教育課程」について、私たち現場をフィールドにした研究会としてはどのようにとらえているか、北海道の広域性、特殊性も念頭に置きながら説明してきた。要約すれば、「社会に開かれた教育課程」は「開かれた学校づくり」の延長線上にあり、さらに、学校と社会による理念の共有・連携・協働を強く求めているということである。こうしたとらえ方は、もちろん「地域」の特性は全国それぞれ事情は違うが、共通して言えることだろうと考える。地域を「社会」を時間的広がり（時間軸）、空間的広がり（空間軸）の両面からとらえ、その地域の特性に応じてエリア（地域社会）を規定する。そうして、その中で我が高校はどこに位置づくのかが見えてきたとき、「社会に開かれた教育課程」とは何かも見えてくるだろう。

また、「社会に開かれた教育課程」は「地域に開かれた学校づくり」の延長線上にあるもので、「地域とともにある学校、地域を創る学校」を意識した教育課程の編成・実施に努め、より積極的な教育活動を展開することとなることを確認した。したがって、私たちはこれまで進めてきた教育実践に自信を持ち、さらに効果的に推進していけばいいことになる。決して「新しいもの」ではなく、これまでの取組を振り返りつつ、新しい視点で再構築するということである。

さて、ここで少し話題を変えたい。「社会」を時間軸でとらえた場合、やはり「これから」を視野に入れることが不可欠である。特に最近では、教員の世代交代も激しく、高校でも若手が増えてきた。

そう考えると、もはや学校でも年長者の考えを若手に伝えるだけでは足りないだろう。彼らなりの時代のとらえ方もある。そこで、やや唐突ではあるが、以下では初任者が考える「社会に開かれた教育課程」を紹介したい。

初任者にとって、今回の学習指導要領の改訂は教員生活初めての改訂となる。つまり、教員として新しい環境に順応していくことと同時進行で、移行に対応していく必要がある。その際、初任者なりに「社会に開かれた教育課程」について考えることは、当然、他の中堅、ベテラン教員とは見方やとらえ方の視点に違いがある（「そもそも考えない」という初任者も多いかもしれないが……）。そしてそれは、古い経験則に順応してきたベテラン教員や管理職にとっては新鮮な驚きであり、かつ、ないがしろにはできない重要な視点でもある。あるいは、指導要領改訂に対する認識が、管理職やミドルリーダー、そして一人一人の教員との間に生じる認識の「ズレ」についても、何か示唆を与えると考えた。

こうした理由から、以下、他では目にすることの少ない、初任者の書いたものを紹介していきたい。

（辻　敏裕）

2 初任者から見た「社会に開かれた教育課程」

初任者がとらえる「社会」

例外のない限り、初任者は指導要領に関する用語について、大学の教員養成課程、各種セミナーにおいて耳にしている。しかし、教員採用試験を突破するという目的で用語を覚えただけで、「社会とは何か」、「開かれるとは何か」といった本質的な問いを持つことはほとんどない。今回改めて聞かれてみると、「社会」という言葉は、使用頻度の面から見て、比較的なじみのある言葉であり、初任者なりに考えの持ちやすい用語だというのが第一印象である。

初任者は「新社会人」として社会に出て間もない。そのため、ここでまず思い浮かぶのは「社会=世間」という構図である。それは、学校という空間と対比的に存在している空間と言い換えてもいいだろう。これまで過ごした小・中・高・大学といった学校空間も一つの社会だろうが、それとは対比的に存在する「社会」である。

しかし、中教審答申によると、「社会や世界の状況を幅広く視野に入れ、よりよい学校教育を通じてよりよい社会を創るという目標を持ち、教育課程を介してその目標を社会と共有していくこと。」と述べられていることから、学校と社会は対比的な存在ではなく、共存していると考えるべきであることがわかる。また、教員の場合、社会として出た先が「学校」であるため、先に述べたような「社会」と「学校」が対岸にあるような認識は相応しくないだろう。

「社会」という用語を初任者なりにとらえる上で必要となることは、学校がどのように社会と切り離されていたかを、新社会人となって間もない今、客観的にとらえることであると考える。これまで学校で学んできた知識やものの見方、考え方が今どのように役立っているか。学生時代には不必要だと感じていたが、今まさに必要だと感じるものはあるか。そして、これらの資質・能力を現在の自分の授業内で生徒に身につけさせることができているか。このような視点で学校について振り返ることで、「よりよい学校教育を通じてよりよい社会を創る」ことにつながっていくのではないのだろうか。

初任者がとらえる「開かれた」という言葉

「社会」が比較的なじみのある言葉であったのに対し、「開かれた」はとらえにくい概念である。確かに、「学校は閉鎖的である」というような言説はよく耳にする。近年では、「ブラック校則」と呼ばれるような、社会的規範とかけ離れたルールがメディアで多く取り上げられている。そのような意味では、「閉鎖的」という言葉の意味するものは想像しやすい。しかし、その対義語となる

「開かれた」となると途端に難しく感じてしまう。

中教審答申では、「教育課程の実施に当たって、地域の人的・物的資源を活用したり、放課後や土曜日等を活用した社会教育との連携を図ったりし、学校教育を学校内に閉じずに、その目指すところを社会と共有・連携しながら実現させること。」と述べられている。さらに「学校内に閉じずに」とあることからも、「開かれた」についての説明は明確ではないように思われる。このことから、初任者はまず教師として学校で生活していく中で、「どのように学校が閉じているか」をとらえる必要があるのではないのだろうか。地域の資源を活用する際に、それを阻んでいる障害があるのかどうか。ある場合にそれをどうすれば取り除くことが可能であるのか。このような視点を持って学校生活を送ることが求められる。

初任者がとらえる「社会に開かれた『教育課程』」

考える視点として次に挙げたいのが、授業との関係である。初任者にとって「授業改善」という小さな単位で考えた場合、「社会に開かれた」を組み込むことは比較的容易なのではないのだろうか。なぜなら、何もない無の状態で移行期間を迎えるからである。過去に何度も改訂が加えられてきた指導要領であるが、そのどれにも染まっていない初任者は、否が応でも今回の指導要領に沿って授業を構想しなければならない。したがって、初任者なりに考えた「社会とは何か」「開かれたとは何か」を授業実践として「とりあえず組み込むこと」は難しくない。

さらに、その授業実践がどのようなものであったかという振り返りもしやすい。というのも、初任者にとっては日々の授業そのものが毎回新鮮であるため、授業の振り返りは日常的な行為である。また、先輩教員からアドバイスを受けることも容易であり、初任者研修で同期の教師との交流の場も設けられている。このように、授業について言えば、初任者は改善の機会および視点に恵まれているため、「社会に開かれた授業」を目指すことについては柔軟に対応することが可能である。

しかし、「教育課程」と言われると、また話が変わってくる。日々の授業が新鮮であるということは、悪く言うと「行き当たりばったりな授業」ということではないか。つまり、教員経験の浅い初任者にとって、1日1日を過ごすことが精一杯であり、マクロな視点で見通しをもって計画を立てることは不可能に近い。そのため、「教育課程」について考えることは知識的にも経験的にも力不足と言わざるを得ない。それでも、初任者にとって重要なことは、「1回の授業」から「単元や題材のまとまり」というように、PDCAサイクルを回す単位を少しずつ広げていくことである。そうすることで、将来的には「教育課程」といった幅広い時間の単位で見通しを持って設計が可能になるのではないのだろうか。

初任者にとってまず初めに順応していく場が授業である。1回の授業でどの程度教科書が進められるのか、そのためにはどの程度授業準備の時間がかかるのかを感覚的にとらえることによって、

「明日は1コマだから余裕があるな」「明日は1時間目に授業があるから、今日のうちに準備をしないとな」と言うように、学校生活のリズムがつくられる。そのため、初任者の場合まずは授業をどうするかといった文脈で「社会」や「開かれた」を考え、教員生活への順応と新指導要領への対応を同時進行で行うのが理想だろうと考えている。

そのためにも、初任者自身が新指導要領に対して、主体的・対話的に深く学ぶ必要がある。「社会とは何か」「開かれたとは何か」このような問いを持つ機会が、校内研修や校外研修の場で整備されることで、理解が深まると考えられる。特に、初任者は現行指導要領の下で高校時代を過ごしている場合が多いため、自らの被教育体験を客観的に分析した上で「社会に開かれた教育課程」について考えると、新たな視点が見えてくるのではないのだろうか。

（加藤　伸城）

初任者は初任者なりに考え、学び、そして日々の実践にいそしんでいる。私たちには長年にわたって身につけてきた貴重な経験と知識、技術がある。しかし、それも個人差があること、絶対無二のものではないことを常に肝に銘じておくことが必要である。初任者の投じた一石は、まさに経験者が見落としてしまう基本的な視点や観点を気づかせてくれるとともに、謙虚な姿勢を再認識させてくれる。

私たち高経研は、学生から教諭、指導主事、管理職、大学教授まで幅広い者たちが集い、30年後の北海道を見据え、「北海道を元気にする高校教育」を研究主題に身近な教育改革の実践に努めている。こうして私たちなりに「社会」を見つめ、「地域」を考え、高校教育を考えたつもりである。そして、「よりよい社会を創る」市民の育成に向け、シティズンシップ教育の充実を推進してきたが、そのためには「社会に開かれた教育課程」の実現が重要なカギを握っている。本書は、そうした研究と実践の集大成の一つである。以下、第2章では学校経営の観点から、第3章では教科・科目等の観点から実践事例を紹介する。

もちろん、全国では私たちの実践研究よりも進んでいる学校もあろうと思う。私たちとしては、「よりよい社会を創る」市民の育成という目的と方向性を高校教育の中につくっていきたい、そうした思いを共有いただき、地域を越えて議論できれば幸いであり、本書はその議論の話題提供という位置づけと考えている。

第2章

「社会に開かれた教育課程」を実現する学校経営

「社会に開かれた教育課程」を各学校で実現しようとするとき、学校経営的視点は重要である。また校長をはじめとする管理職のリーダーシップも大きな推進力である。

では、社会に開かれた教育課程を考えるとき、何を軸に考えるべきなのであろうか。様々な知見に裏づけられたリーダーシップと、経営手腕が問われている。

第2章では様々な学校において実践されている、または実践されようとしている社会に開かれた教育課程について学校経営の立場から、様々な経験や知見をもとに考えてみたい。

1 「社会に開かれた教育課程」とコミュニティ・スクール

コミュニティ・スクール（以下「ＣＳ」）とは、保護者や地域住民の代表等から構成される「学校運営協議会」を設置する学校である。学校運営協議会は、校長の学校運営の基本方針の承認や教職員人事への意見表明ができるなど、学校評議員制度を一段階進めたものである。

導入後10年余が経過した２０１５（平成27）年、取組の総括と今後の在り方等を示す中教審答申（「新しい時代の教育や地方創生の実現に向けた学校と地域の連携・協働の在り方と今後の推進方策について」（２０１５年12月21日））が出された。この中で、課題として制度の認知度の低さや担当教職員の負担等をあげつつ、成果として学校と地域の情報共有の充実、特色ある学校づくりの進展等をあげていた。また、学校と地域の協働活動が地域の教育力向上や地域活性化につながるなど地域側にもメリットがあることを指摘していた。

ＣＳは地域の力を学校運営に生かす取組だが、社会（地域）との連携・協働の重視という視点は「社会に開かれた教育課程」と共通するものである。また、協働活動による地域活性化等の効果を考えると、「よりよい学校教育を通してよりよい社会を創る」という「社会に開かれた教育課程の理念にも通じている。

CS導入校の取組から学ぶ

新指導要領では、社会に開かれた教育課程の実現に向け、理念の共有や求められる資質・能力の教育課程での明確化等で学校と社会との連携・協働を強く求めている。しかし、どのように取り組むか、その具体の姿までは示していない。そのため、地域の教育資源の活用など、地域と連携した教育活動に取り組むことが社会に開かれた教育課程であると矮小化されてしまう可能性がある。

そう考えると、CSの取組から学ぶべきものは多い。特にCSの中核を担う学校運営協議会について深く知ることは重要である。なぜなら学校運営協議会は、社会に開かれた教育課程の実現に必要な学校と社会（地域）との協議の場（組織）のモデルとなる存在だからである。学校運営協議会を参考にして、学校が社会（地域）と教育理念や求められる資質・能力等を話し合う場を整えることができれば、社会に開かれた教育課程の実現に向けた大きな第一歩を踏み出すことになろう。

なお、次項の事例では、協議の場に町内の各産業分野代表者や学校と地域をつなぐコーディネーター的人材を加えている。地域の特色を生かすCS活動の創造が目的である。これは一例だが、CSの取組から自校の特色を生かす連携・協働につながるヒントを多々得ることができるのである。

📖 北海道上士幌高等学校とCS

十勝地方北西部に位置する上士幌《かみしほろ》町は、畑作と酪農が基幹産業の人口約５０００人の町である。町内唯一の高校である北海道上士幌高等学校（道立）には、町内外の生徒約１６０名が在籍している。

同校は、町の強力な支援を活かし、国公立大学進学に向けた学力向上で実績をあげるとともに、高校における通級指導に関する文部科学省研究指定等で優れた成果を残すなど、これまで充実した教育活動を展開してきた。２０１８年、同校は社会に開かれた教育課程の実現を視野に、町内小中学校を含めた地域との連携・協働のさらなる充実・発展を期してCSを導入した。

同校はCS導入の利点として、既にCS活動を進めていた町内小学校（３校）と中学校（１校）との連携を一層深めることで、小中学校のCS活動支援組織等の協力を得られることや、各分野の優れた人材など地域の教育資源に関する情報共有等が実現することを期待している。さらに、地域連携に関連する連絡調整等を目的に町教委が配置する職員（CSコーディネーター）の協力を得ることで、地域情報の収集や活動計画の作成、必要な各種手続きなどで自校教職員の負担を軽減できるというメリットもあった。加えて学校運営協議会の構成員に町教委職員や商工会役員、農協職員等が加わることで、幅広い観点からの議論や連携が進むものと期待している。

一方、上士幌町は、高校へのＣＳ導入で、地域総ぐるみで子どもたちの育ちを支援する「かみしほろ学園構想」が実現し、町民や保護者の意見を町内全ての学校の運営に生かしつつ、各校の教育活動のより一層の充実が期待できると考えている（上士幌町教育委員会「かみしほろ学園構想」（２０１６年３月３日））。さらに、小中高の連携強化で、児童生徒の地域行事への参加や異校種合同行事が一段と拡大するとともに、多くの町民が町内の各学校との連携・協働に取り組むことで、地域全体の教育力が高まり、地域が活性化していくことを期待している。

なお、高校の校長は、ＣＳ導入による学校経営上の利点について、学校運営協議会が校長の経営方針を承認し、教育課程編成方針等への理解を示したことが「後ろ盾」となり、校長として

【資料1】かみしほろ学園構想
～幼児から高校生までの一貫性のある教育づくり～

〈三つの視点〉
1　人権教育　～「思いやりの心」「奉仕の精神」を育む
2　環境教育　～「資源の大切さ」「自然を守る」心の育成
3　地域社会の活性化　～「地域の関心」「地域と連携した取組」の推進

〈上記の構想を実現するためのCS制度を活用〉

上士幌町コミュニティ・スクール委員会
◯各学校の学校運営協議会を総括（代表で構成）
上士幌高校学校運営協議会⇐承認・意見・説明⇒校長
◯部　会　地域交流部会～地域資源を活用した教育活動
・上士幌学、異世代交流・町内各行事参加
自己実現支援部会～自己指導力の向上
・健康安全指導、進路指導、生徒指導
◯構成員　校長、教頭、保護者、PTA役員、同窓会役員、振興会役員、町教委職員、商工会職員、農協職員から（13名）

地域や教職員に対して自信を持って説明できるようになったと話している。

📖 社会に開かれた学校教育への期待とCS

人口減少が続き地域から活力が失われる中で、学校には新たな役割が期待されている。それは、学校と地域の連携・協働によって地域住民の意識変容や住民間ネットワークの形成等を促し、地域の活性化につなげることである。たとえば、「『学び続ける』社会、全員参加型社会、地方創生を実現する教育の在り方について」と題した教育再生実行会議第6次提言（「『学び続ける』社会、全員参加型社会、地方創生を実現する教育」（2016年4月4日））では、教育がエンジンとなって地方創生を成し遂げるとの理念の下、学校には、人と人をつなぎ、様々な課題に対応し、まちづくりの拠点としての役割が求められると述べている。さらに、その観点から「全ての学校において地域住民や保護者等が学校運営に参画するCS化を図り、地域との連携・協働体制を構築し、学校を核とした地域づくり（スクール・コミュニティ）への発展を目指すことが重要」とし、学校のCS化を支援するとしている。こうした文脈の中で、「よりよい学校教育を通してよりよい社会を創る」とする社会に開かれた教育課程への期待を理解することも重要であろう。

CSと社会に開かれた教育課程では、学校を外の社会と結び付ける点で同じだが、そのための仕組みや連携・協働の範囲の示され方が異なっている。つまり、学校運営協議会が存在し対象が限定的なＣＳに対し、社会に開かれた教育課程では、学校が教育課程を介して地域社会を含め広く社会とつながることを視野に入れている。この意味で社会に開かれた教育課程は、ＣＳを内包する上位の概念とも言えるが、抽象度が高く、何をどのように取り組めばよいか理解しにくい面がある。

これらの点を考え合わせると、新要領が求める社会に開かれた教育課程の実現に向けて、ＣＳの実践に学ぶ意義は大きい。ＣＳでの取組を分析すれば、学校と社会との連携・協働のための体制整備や具体の方策、生じる課題とその解決策等を見出すことができよう。

（宮田　日出夫）

2 グローカルを実現するニセコ高校での実践

北海道ニセコ高等学校は、1948（昭和23）年に、ニセコ町立の昼間定時制・農業科の高校として開校した。その後、国際的な観光リゾート地として発展するニセコ町は、1990年に、国際化・情報化・科学技術の進展など社会の急激な変化や、保護者・中学生のニーズの変化に対応するために、農業後継者と観光産業に係る人材の育成を目指すハイブリッド教育構想を打ち出し、「緑地観光科」へと学科転換した。

教育課程の特徴

本校の教育は、自然と人間の調和を大切にしながら、ニセコの自然と農村が持つ教育力を活用し、小さな学校であ

コミュニケーション英語I	家庭総合	農業と環境	総合実習	農業情報処理	観光I	LHR	
生物基礎	課題研究	総合実習	農業情報処理	グリーンライフ	作物 / 簿記	生活園芸 / 観光II	LHR
課題研究	総合実習	グリーンライフ	作物 / 観光実践	生活園芸 / 観光III	農業経営基礎 / マーケティング	LHR	

ることの強みを活かして、地域に貢献できる農業経営者と、観光産業の発展を担う人材を同時に育成することを目標としている。その教育課程は、課題研究や総合実習の学習をとおして、科学的に探究する力とコミュニケーション能力やプレゼンテーション能力の育成を図ることを特徴とするものである。

１学年では、自然と農業、暮らしと農業の関わりについて「農業と環境」で、ビジネスの基礎と観光の効果・北海道観光について「観光Ｉ」で学ぶ。２学年では、農業科学コースと観光リゾートコース（２０２２年度より国際観光コースに名称変更検討中）に分かれ、それぞれの専門科目を履修する。観光リゾートコースでは、国内観光資源（主要観光地）と地域イベントに関する運営方法、国内旅行業務について「観光Ⅱ」で学ぶ。３学年の観光リゾートコースでは、国内旅行業務取扱管理者国内旅行実務の取得を目指す「観光Ⅲ」や、地域の観光資源を調査し、実際にツアープランの提案・発表と観光・旅行英会話の知識・技術の

【資料2】令和元年度教育課程表

1年	共通	国語総合	地理A	数学I	科学と人間生活	体育		保健	音楽I 書道I
2年	農業 観光	国語総合	世史A	数学I	体育	保健	コミュニケーション英語I	家庭総合	
3年	農業 観光	国語総合	国語教養	現代社会	数学A	体育	英語表現I	英会話 フードデザイン	

習得を目指す「観光実践」を履修することになっている。

また、農業高校の特色である意見発表大会・技術競技大会・実績発表大会（意見発表大会と実績発表大会は町民センターで行い、町民にも公開）があり、生徒は探究活動やプレゼンテーションのスキルを身につけることができる。

さらに、進路を見据えたキャリア教育（8日間のインターンシップなど）にも力を入れているほか、希望者は4年生に進むこともできるようになっている。

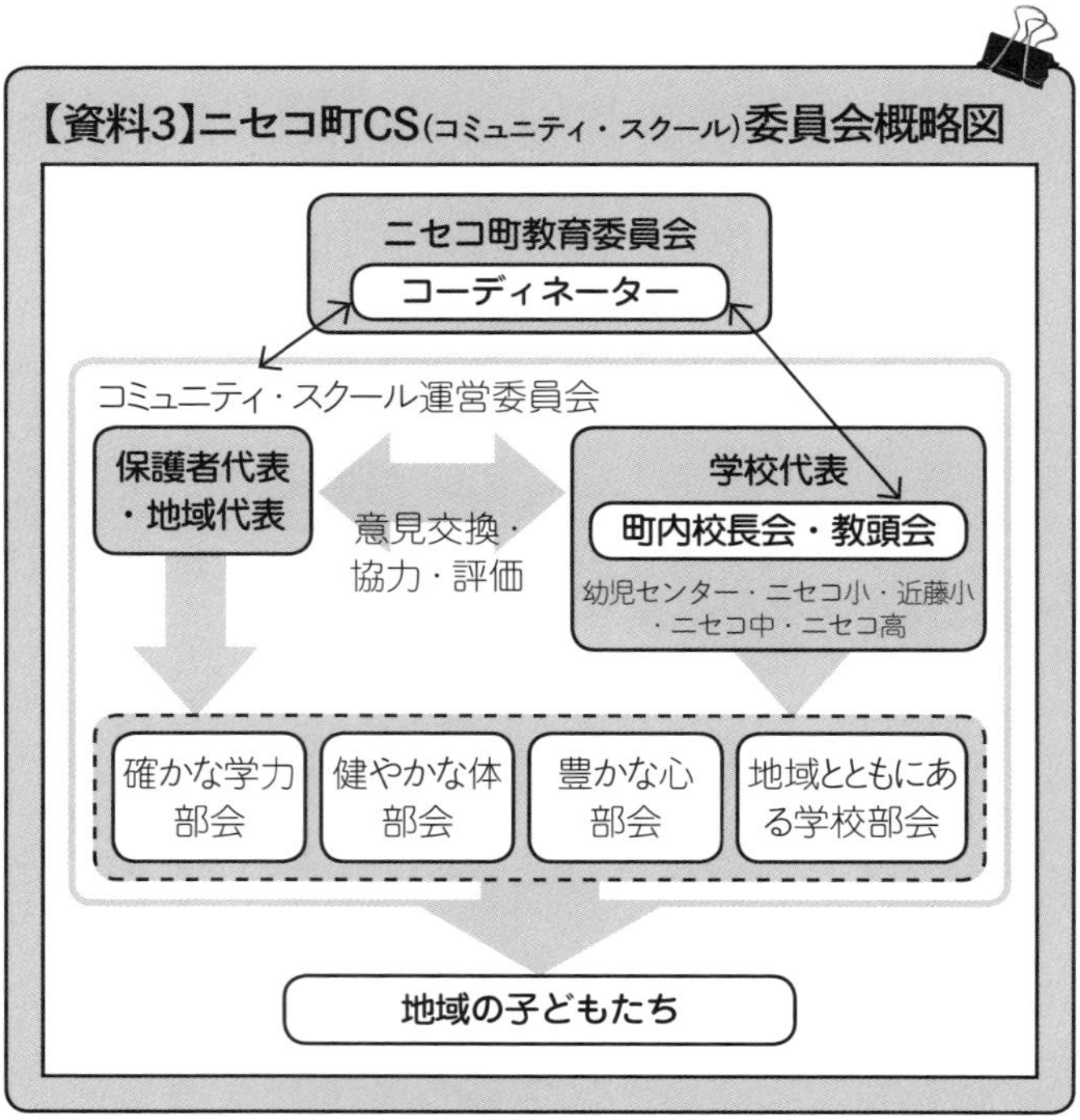

【資料3】ニセコ町CS(コミュニティ・スクール)委員会概略図

📖 地域との関わりとCS

ニセコ町では、ＣＳ（幼児センター・ニセコ小・近藤小・ニセコ中・ニセコ高）を導入し、ニセコ町教委を中心に様々な施策が行われる。国際的観光地ニセコということで、小学校・中学校・高校のすべてにＡＬＴが配置され、校舎内も各部屋に英語表記がなされるなど、町を上げて英語教育に力を入れることができるのもその一例である。

学校と地域との関わりには、次のようなものがある。

○町内の清掃ボランティア

○交通安全大会で町民や道の駅での呼びかけ運動

★１学年見学実習（農業・観光）

【農業科学コース】

・町の施設の花壇造成（インターナショナルスクールニセコ校・有島記念館等）

・幼児センターとの菜園交流

・中学校へ野菜の栽培授業

★狩太神社のラベンダー花壇の造成

★果樹（ブドウ）の栽培管理
★水稲（酒米）の栽培管理と醸造の技術・知識に関する講義
★九条ネギの栽培方法の研究と農家への普及活動及び九条ネギを用いたレシピを地元レストランとの共同開発と提供
★町花ラベンダーの復活とラベンダーを使ったフレグランスの開発
★４年生国内・海外研修

【観光リゾートコース】

★ホテルサービス体験実習
★後志観光地視察研修
★４年生海外研修（マレーシア）
※★は専攻班活動等の企業との連携授業、〇は特別活動で行った内容

これらの他、今年８月にニセコ町で行われた「ＳＤＧｓ高校生未来会議（官民共同事業　未来を担う若者の国際会議）」に開催地校として会議の運営協力をし、開会宣言を担当したほか、レセプションではニセコ町とニセコ高校の紹介を英語で行った。

📖 農業と国際観光地を支える人材を育成する高校として

ニセコ町は人口約５０００人の町ではあるが、年間に訪れる観光客は約１７０万人と国内でも注目される町となった。国際的に有名なパウダースノーのスキー場があるほか、羊蹄山登山・尻別川のラフティング等のアクティビティがあり、地域の観光は大きな産業化となっている。１年生の授業に、外資系ホテルで働く外国籍の方と英語で会話する機会を設けたり、４年生では、半年間マレーシアのＹＴＬホテルとの連携で海外研修を行うこともできるようになり、卒業後に、外資系ホテルに就職した者もいる。その一方で、おいしい農産物とその加工品など、６次産業化を目指している地域の農家と、新たな食材を使ったレシピと提供してくれる店舗との協力のもと、本校の専攻班活動（探究活動）を展開するなど、地域社会の状況が本校の教育課程に反映され、充実し続けていることは、まさに社会に開かれた教育課程となっている。

（清水　美由紀）

3 かみふらので育つ～地域を学び、行動する生徒の育成～

北海道上富良野《かみふらの》高等学校は、十勝岳連峰の麓にある普通科1学年1学級の道立高校である。生徒の約9割は地元から通学し、少人数の利点を生かした、きめ細やかな指導を保持しつつ、「十勝岳ジオパーク学習」という、地域的特色のある教育活動によって、生徒が郷土に愛着を持ち、自ら考え行動する力を育むことを目指している。

地域を教材とした「十勝岳ジオパーク学習」

「ジオパーク」とは、その土地の自然、文化を学び、まるごと楽しめる「大地の公園」を意味する造語である。2015（平成27）年に美瑛町、上富良野町が協同で十勝岳ジオパーク推進協議会を設立し、十勝岳ジオパーク構想を打ち立て、日本ジオパークの認定に向けて活動を開始した。そしてその翌年、協議会には、大雪青少年交流の家所長を部会長に、消防、両町の高校長、事務局から構成される「防災・教育部会」が設置された。そのことにより、本校では、専門家による出前授業等、ジオパークの活用や十勝岳と周辺地域を知る機会である「十勝岳ジオパーク学習」が2017年から本格化することとなった。

２０１７年度は、１年生の宿泊研修で行われる十勝岳ハイキングに、専門員がガイドとして随行したほか、事前学習も実施した。そこでは、十勝岳の噴火による泥流の痕跡の遺構について詳しく解説してもらった。また、地理Ｂにおける上富良野町地理巡検の際にも、専門員の解説をお願いし、巡検後に生徒は「もっと上富良野について知りたいと思った」「実際に行ってみると魅力がたくさんあり、興味がわいた」と感想を寄せるなど、地域の探究に対する興味・関心を深めることとなった。

また、１年生の化学基礎では観光協会の協力で、ラベンダーオイルの抽出やフローラルウォーターづくりを、３年生の地学基礎では十勝岳の安政火口巡検の実施など、教科指導における教職員の専門性と、地域の専門員の解説、経験が加わり、生徒は自然や社会と学習活動とのつながりを深化させることができた。

さらに、理科から、強歩遠足のなかで環境問題を考える取組として「昭和シェル石油環境フォトコンテスト」の出品写真の撮影をすることが提案され、学校団体部門で最優秀賞、個人で銀賞を受賞した。社会からの評価は、生徒の意欲をいっそう高めるものとなった。

📖 地域の歴史を語り継ぎ地域の今を発信する

２０１８年度は、本校生徒５人が、三浦綾子作「泥流地帯」の映画化を進める会応援隊を結成し、町内外に対する朗読劇の活動を始めた。「泥流地帯」「続泥流地帯」は上富良野町を舞台とし、1926（大正15）年の十勝岳噴火を題材にした小説である。町が「泥流地帯」映画化を進める会を組織し、それに共感した有志の生徒が活動に加わったのである。町としては、活動を通じ地域の歴史を語り継ぐ人材の育成を期待していた。朗読劇の脚本である「いいこと、ありますように」は三浦綾子記念文学館の難波事務局長の書き下ろしで、1人の教師と4人の高校生が小説の場面や言葉を読み解いていく内容となっている。応援隊は、演劇集団「富良野ＧＲＯＵＰ」の主演女優・森上千絵氏を講師に迎え、練習を重ね、7月の学校祭で発表した。朗読を聞いた町民の中には、涙を流す人もいて大きな感動を生んだ。生徒にとっても、表現すること、伝えることの大切さを実感する取組となった。その後、全道高校文芸研究大会（高文連主催）での発表、三浦綾子記念文学館での上演、上富良野町総合文化祭での上演と発表の場が広がり、「若い感性で表現していて素晴らしい。感動した。」などの感想や激励が寄せられ、生徒の自己有用感はいっそう高まることとなった。

またこの年は、理科と十勝岳ジオパーク推進協議会との連携で、十勝岳ボランティア登山と観光地案内「マチアルキ」開発が実現した。

ボランティア登山は隣の高校である美瑛高校との協同作業で、避難小屋の清掃や登山道の整備等の様子をまとめた「ボランティア登山について」は、日本ジオパーク全国大会ポスターセッション高校生の部で優秀賞を受賞した。内容は「マチアルキ」アプリを利用した十勝岳連峰の魅力を発信するためのコンテンツ作成の提案である。「マチアルキ」とは、史跡や名所、観光施設などの情報をARで読み取って集めて学ぶ、スタンプラリーである。生徒自身巡検で得た情報をまとめ、作成した報告書をもとに「マチアルキ」のポイントを設定した。スタンプラリーは「安政火口コース」「千望峠フットパスコース」「江花の森コース」の三つのコースがあり、生徒が実際に授業で歩いた場所を皆で分担して解説を作成した。コンテンツ作成は理科と地歴公民と連携しながら実施した。生徒は自分が作成したものを観光客に見てもらうのが大きな達成感となった。

かみふらの探究アワードへ

本校は、「総合的な探究の時間」の目標を「探究的な思考を働かせ、横断的・総合的な学習を行うことを通して、自己の在り方生き方を考えながら、自ら課題を発見し解決していくための資質・能力を育成することを目指す」として各学年2単位を教育課程に位置づけている。

そんな中、国立大雪青少年交流の家から本校に、国立青少年教育振興機構の「青少年体験活動顕彰制度」のモデル事業の提案があり、3年生の総合的な学習の時間「かみふらの探究アワード」で活用することにした。

生徒は、それぞれの興味・関心に基づき「自然環境」「食・農業」「商工観光」「歴史文化」の四つのコースに分かれ、地域で活躍する人材を講師にフィールドワークを行い、本校教員と施設職員のサポートを受けながら地域課題の探究を行い、ポスターセッション、グループディスカッションを経て、実践活動で自らの考えや課題を更新し、プレゼンテーションまで行う。「課題の設定」「情報の収集」「整理・分析」「まとめ・発表」の「探究のプロセス」を繰り返すことで、多様な価値観を認識しつつ、自ら考え、他者と対話し、協働しながら地域の課題解決を主体的に担う力が育成される取組となった。

2019年度は、5月の探究活動のガイダンスからはじまり、各分野に分かれ、地域の特色ある事柄の紹介を経て、生徒はグループごとに分野の選択を行った。計3回のフィールドワークで質問を繰り返しながら、「自然環境」コースは「ハザードマップ作り」と「上富良野八景マップ作り」、「食・農業」コースは「軽トラ市のポスター作り」などに取り組んでいる。

新たな価値を生み出すために

生徒は様々な活動をとおし、多様な価値観をふまえながら協働して課題の解決を目指し活動をするのだが、思うように進まない場面もある。そんな中、視察に来られた方から「新たな価値を生み出すためには、無駄も大事なんです」との助言があった。地域探究活動により、生徒が社会に目を向け、地域のコミュニティを支える人材となることをゆっくり見守っていく、これまでの本校の実践を生かしつつ、生徒一人一人が未来社会を生き抜くために必要な力をしっかりと育てることが高校の魅力化と、よりよい地域・社会づくりにも役立つものと考える。

（辻　芳恵）

4 地方小規模校で生徒の夢を叶える

北海道おといねっぷ美術工芸高等学校は、人口742人の全道一小さな村、音威子府村立の工芸科単科高校である。本校は、1950（昭和25）年に定時制高校として開校。1980年には村外から広く生徒を募集するために遠隔寮を建設するとともに、1984年道立高校から村立高校へ、定時制から全日制課程へ移行し「特色ある学校作りにより全道から生徒を集める」ことを目指して芸術系学科「工芸科」への転科を図った。2002年に校名を「北海道おといねっぷ美術工芸高等学校」に変更、2003年には工芸コース・美術コース選択制を導入。現在、高等学校文化連盟美術大会をはじめ種々のコンクールでの実績が評価され、木工家具王国スウェーデンのレクサンド高校との姉妹校提携、東海大学との高大連携事業を展開し、全国から美術・工芸を志望する生徒が集う高等学校として認知されている。

2019年度の入学生も40名を確保し、全校生徒数は116名である。主な出身地域としては石狩（札幌）31名、上川（旭川）35名、その他道内28名、道外22名で、道内外から美術・工芸を志す生徒が入学しているが、音威子府村からの入学生はここ数年いない。在校生は全て寮生活をしており、住民票を村に移し寮監の保護下、寮生による自治会活動により落ち着いた規則正しい生活を送っている。

地域・保護者の期待と本校の取組

在校生は、全て村外から入学してきた生徒であり、生徒・保護者と地域との期待・要望が必ずしも一致しない。生徒の出身地、中学での成績や卒業後の進路希望も多様である。

音威子府村からは、安定した生徒の確保と、ボランティア活動や村行事等への参加・協力、卒業生のIターンUターン等を期待されており、村からは寮生活補助をはじめ、実習制作材提供、部活動補助、プール、スキー場の提供、地元商工会との連携によりインターンシップの実施など手厚い援助がある。

本校の生徒は出身地が広範囲であり学力にも差がある。生徒たちは美術・工芸を学ぶことを目標に入学してきているが、卒業後の生徒（保護者）の進路希望は、国公立美大進学から、家具職人、宮大工への就職までと多岐にわたる。近年は美術系大学進学希望者が増加してきている。美術・工芸の基礎的・基本的な知識や技術・技能修得はもとより、将来の目標を叶えるための、確かな学力や技術・技能を身につけさせることが求められている。

本校の工芸科は、2007~2010年、2013年に国立教育研究所の教育課程研究指定校の実践を生かし、美術・工芸の学校設定科目を多く設置している。その内容は一部の専門科目を除き、全て実習科目であるため、実習・制作を行う時間数は専門教科の概ね95%と、実践的な教育活動を行っている。１学年では木工芸・美術の基礎、２学年では工芸コース・美術コースに分かれ、それぞれの応用技術の習得、３学年では課題研究等による卒業制作となっている。

Society5.0時代に向けた本校の課題と取組

(1) 教育機関とのコンソーシアム・連携

大学等の教育機関との連携は２００７年度より東海大学と高大連携事業協定を締結し、３年間を通して連携授業と、３日間の大学における講義を行っている。その内容は「鑑賞」と「デザイン」の概念の指導の充実、そして、ポートフォリオの作成指導、プレゼンの作成指導および発表指導である。これらの授業・講義により生徒自身が自らの作成過程を振り返りながら、作品をより深め高めることができており、進学・就職時にＰＲ資料を作る能力の育成、言語的能力、自らの作品を他者に伝えるスキルの育成に成果を上げている。

現在、卒業生の約半数の生徒が美術系大学・短大へ進学している。高大接続改革が進行する中、生徒の進学先の正しい情報と、目的意識の醸成を目指し今年度より、道内外の大学の協力を得て、国公私立美術系大学による訪問授業、美大予備校講師による技術指導を進めている。

(2) 関連企業との連携

本校の工芸科は音威子府村の森林資源、旭川の高級家具会社の存在が基盤となっている。現在でも工芸作家、家具職人等を目指している者も多い。現在、旭川家具工業協同組合の協力により、株式会社カンディハウスにてデザイン家具鑑賞、家具・工芸デザインの講義を行っている。旭川家具工業協同組合40社には様々な技術を持つ企業が存在しており、インターンシップなどを通じ協同組合との連携を推進し、本校の専門教育の質と生徒の進路意識の向上を図っている。

地域とともにある高校の未来

これからの高校教育で、社会に開かれた教育課程を実現していくためには、地域や外部機関との連携協力は重要になる。それは、少子化に伴い増加する地域の小規模校においては、一層大切になることは間違いない。現在、地方の市町村では「まち・ひと・しごと創生戦略」のもと地方創生を目指しており、高等学校等には、地域への課題意識や貢献意識を持ち、地域を支えることのできる人材を育成するため、地域課題の解決等を通じた探究的な学びを実現する取組を推進しようとしている。

地域企業においても、労働人口の減少により、業種への関心、業容への理解を広めるため、連携協力する下地もできている。上級学校も然りである。本校に限らず、育成を目指す資質・能力について学校側から積極的に情報を発信することで、共通理解を図り、連携協力体制を活用した教育活動を推進することが必要なのではないか。

（松田　圭右）

5 開くべき社会をどうとらえ、学校経営を進めていくか

社会に開かれた教育課程を高校で実現することは、新たなことを進めなければならないと考えがちだが、実はこれまで進めてきた取組の延長線上にあるのではないだろうか。一つは、開かれた学校づくりの取組であり、もう一つはキャリア教育の取組である。

開かれた学校づくりの延長線上の取組として（社会＝地域としてみてみる）

北海道は広い地域に1学年1学級校が多く分散している。その多くは、自治体に1校という高校が多く、自治体としても高校の存続はきわめて重要な課題である。各自治体は地元高校の充実と存続のため、多くの援助を行う。このことは、学校経営上大きな金銭的後ろ盾を持つこととなり、様々な教育実践を可能にする。

オホーツク管内北西部に位置する、北海道興部《おこっぺ》高等学校もそんな学校である。地域からの支援は、進学実績を上げるための取組はもちろん、就職などの多様な進路を保障するための資格取得などの取組を可能にした。その一方で、地域からは「地域行事への生徒参加はできないだろうか」「地域のお祭りへの援助は無理だろうか」といった要望も寄せられ、様々な形で地域と交流が進められて

きた。

開かれた学校づくりを積極的に進めてきた興部高校にとって社会は地域の要素が強い。ただし、開かれた学校づくりの取組は、どちらかといえば行事的要素や、進学指導的要素が強く、生徒の学びに直接関わったり、教育課程に直接関わることは弱かった。つまり学校は開かれていたが教育（課程）は開かれてはいなかったのである。

新指導要領で示された「総合的な探究の時間」は、生徒が主体的に課題を発見し、その解決のために思考し、他と協働して課題解決のために行動し、経験をまとめ発表するという、学びのサイクルが重要であることが強調されている。これまでの開かれた学校づくりの取組には、そういった学びのサイクルは充分ではない。逆に、その取組に学びのサイクルを組み込みさえすれば、生徒の学びは深まる。

しかし、開かれた学校づくりにある取組に学びのサイクルを組み込むためには、地域の教育資源を、行事や金銭的援助としてではなく、教育活動として取り込んでいかねばならない。地域の高校にとって、その強力な味方となるのがＣＳである。ＣＳにある学校運営協議会は、学校の教育活動にも深く関わりを持つ組織だ。そしてそのメンバーには、これまでの開かれた学校づくりへの取組で関連のあった人を中心に組織することによって、これまで培ってきた取組に、どうしたら学びのサイクルを組み込むことができるかを組織的に検討し、理解を深め、熟議を経て、教育課程として工夫改善するための組織となる。興部高校がコミュニティ・スクールを発足するに当たって、これまで開かれた学校づくりの諸取組の中で関わりの深かった人々に学校運営協議会委員をお願いした。

キャリア教育の延長線上の取組として（社会＝仕事としてみてみる）

地方の小規模校にとっての「社会に開かれた教育課程」が、開かれた学校づくりの延長線上の取組とするならば、大都市札幌にある学校では、地域は見えにくく、地域からの経済的援助もない。たとえば札幌市を含む石狩圏においては、工業・商業高校などの専門高校や、総合学科などを除き、私学も入れると、実に8割が普通科高校である。中学生は複数の学校から様々な高校の特徴を比較して進学先を選択することができる。

普通科高校には、一部のいわゆる難関大学を目指す進学校の他は、進学希望者（大学・専門学校）と就職希望者が混在し、学力の格差も大きい学校、いわゆる進路多様校がほとんどだ。そして、どの学校も様々なコースを設置し、進学率を高める工夫をしている。

北海道高等学校長協会調査研究部の進路指導委員会が、札幌商工会議所青年部の企業家の皆さんと懇談したことがある。その中で、企業家の皆さんは、高校生の就職者のミスマッチの状況や、企業内教育の状況など様々なご苦労があるということを語られていた。その中で、特に印象的だったのは、介護施設を経営している企業家の「介護というだけで高校の就職担当は会ってさえくれない。説明の機会すらない」といった苦情にも似た訴えであった。普通科高校における進路指導、とりわけ就職指導の不十分さを感じさせられた言葉だった。

普通科高校、特に進路多様校では、できるだけ学力の高い生徒の入学を期待するため、大学進学率を上げることが学校経営の中心になりがちである。コースが分かれているとはいえ、普通科の授業は実はどのコースも進学中心の授業にならざるを得ない。だから、ほとんどの生徒が、将来何らかの仕事に就くであろうことは、実はわかっているし、大学進学者にもキャリア教育は大切だと感じつつも、キャリア教育を高校教育のコアとして位置づける意識は希薄である。そして、企業家の皆さんとの対話から明らかになったのは、キャリア教育が、むしろ教職員の中に根付いていないのではないかという指摘だったように思う。

企業にとって、人手不足は深刻である一方、諸外国とのコスト競争もまた熾烈である。そんな社会情勢の中、生徒に対して、生きがいや使命感といった仕事のもっている素晴らしさを自覚させ、社会とのつながりを実感できる教育課程が全ての高校に求められている。

そのためにも、今後、とりわけ普通科高校で育成すべき資質・能力と、あるべき教育課程はどのようなものかについて、企業家の皆さんや保護者などとも対話をし、議論を深めていくことが、都市部の学校における社会に開かれた教育課程づくりの端緒となるはずである。

📖 学校外の教育資源を教育課程に

地方の小規模校と、都市部の学校を例に、学校経営としておさえるべき社会に開かれた教育課程について考えた。いずれの取組も、鍵を握るのは学校外の教育資源をいかに取り入れるかにある。

先の介護施設を経営している企業家の方が、就職担当者にすら会ってもらえないということを述べられた後、興部高校での取組を紹介した。それは、興部町にある老人介護施設の所長さんから、生徒が介護の職場を理解する機会がなく、職業選択の中に入りづらいと思われることから、放課後に介護施設で、有償ボランティアとして働いてくれる有志生徒を募集してもらい、報酬も支払いたい、という申し出があったことだ。興部高校でも当然アルバイトは許可制で、奨励していない。しかし、教育的効果も高いという判断から、その申し出を受け、募集し、早速数名が応募していた。

数日間のインターンシップでは理解しきれない介護現場の状況を、継続的に体験し、自己の将来と結びつける取組は、使用者が単純にアルバイトとして生徒を雇用することと違って、そこに教育が生まれる。これからの高校は学校外の教育資源を広く受け入れ、学びのサイクルを組み入れ、社会と連携した教育課程を実現することが重要なのだと、身をもって学ぶ機会となった。

地域でも企業でも学校でも課題を発見し、対話をしながら思考し、協働で課題解決に向けて行動することこそ、社会に開かれた教育課程づくりを発展させていくことになる。

（柴田　健一）

6 これからの看護人材を育てる「社会に開かれた」カリキュラム・マネジメント

北海道美唄聖華《びばいせいか》高等学校は、「思いやりある言葉と笑顔」の校訓のもと、5年一貫教育による看護師養成を使命として教育活動に取り組んでいる。北海道で看護科があるのは本校と稚内高校の2校で、本校は全道唯一の看護科単置校である。

看護教育における「社会に開かれた教育課程」

本校生徒のほとんどは、入学後5年間の修業年限を経て、看護師の国家資格を取得後、医療機関に就職する。このため、職業人として必要な資質・能力を在学中に身につけさせることは必須である。したがって、人間関係形成・社会形成能力や課題対応能力等の「基礎的・汎用的能力」の育成は、本校の学校教育活動全体の中軸となる。このことは、厚生労働省が2004（平成16）年に提示した「就職基礎能力」、及び経済産業省・社会人基礎力に関する研究会が2006年に提示した「社会人基礎力」、中教審が2008年に提示した「学士力」を包含・発展させてきた経緯からも、まさに社会に開かれた教育課程の実現が求められている。

また、専門的職業人としての看護師養成については、2017年4月に厚生労働省所管の「新たな医療の在り方を踏まえた医師・看護師等の働き方ビジョン検討会」が報告書の中で、「看護師は、今後の我が国の医療では極めて大きな役割を担い得る職種である」として、「看護師確保の観点からも育成課程の多様性は確保しつつ、各看護師のキャリア選択に応じた複数の養成システムを維持・発展する必要がある。」「卒前教育では、看護師として共通して求められる知識や能力が培われるよう教育カリキュラムを拡充する必要があり、早急にその見直しを開始すべきである。また、卒後のOJTにおいても、スキルの向上が体系的・段階的になされ、段階に応じた評価システムやキャリアが見渡せる環境作りが必要である。」と述べている。

いわゆる団塊の世代が75歳以上の後期高齢者となる2025年に向け、2016年度までに全都道府県で地域医療構想が策定されるとともに、地域包括ケアシステムの整備が進んでいる中、このことに対応した指導内容の整備にも取り組んでいる。本校も「健康の保持増進に寄与する能力と態度を育むこと」と「地域の医療を支える人材を育成すること」を使命として設置されていることを踏まえ、中学校卒業後の多感な時期に、看護職者としてのキャリア意識や職業倫理観を醸成し、先に述べた様々な課題や時代の変化がある中でこそ、ナイチンゲールが述べているように、「自分自身は決して感じたことのない他人の感情のただなかへ自己を投入する能力」、「患者が何を感じているかを、患者に辛い思いをさせて言わせることなく、患者の表情に現れるあらゆる変化から読みとることができること」を育むべく、社会に開かれた教育課程の編成・実施に取り組んでいる。

看護科における主体的・対話的で深い学びについて

本校に限らず看護科では、上級生が下級生と合同で実技科目等の特定単元の学習を行う異年次交流も行われるなど、まさにディープ・アクティブ・ラーニングが実践されている。新指導要領の「看護」の目標である「看護の見方・考え方を働かせ、実践的・体験的な学習活動を行うことなどを通して、看護を通じ、地域や保健・医療・福祉を支え、人々の健康の保持増進に寄与する職業人として必要な資質・能力を育成する」ことのほか、ＡＩ、数理、データサイエンスや生命科学等をはじめとした、Society5.0において重要となる分野における基礎を身につけることも必要である。

本校の取組

(1) 教育活動の改善の観点の数値化

教育活動の改善にあたっては、観点を焦点化・数値化することで共通理解が進み、実践しやすくなるのは明らかであり、このことを本校職員に説明した上で、前年の学校経営シラバスに記述されていた「目標達成のための評価の観点」を次のとおり改めた。

ア　学習意欲を喚起し、言語活動の充実や主体的・対話的で深い学びがなされる取組を科目ごとに複数回行ったか。

イ　基礎学力の定着を明確に（数値で）示せる成果があったか。

ウ　生徒の家庭学習時間は前年度を上回ったか。

エ　キャリア教育の視点に立った系統的な共通実践はできたか。また、生徒の満足度は前年度を上回ったか。

オ　研究授業や研修会は充実し、生徒の学力向上・人間形成への寄与を明確に（数値で）示せたか。

(2) 専攻科における「臨地実習」

専攻科では、実際の施設での「臨地実習」が義務づけられており、主に専攻科2年生が地元市立美唄病院をはじめ20施設で行っている。実習は、対象者の健康問題を把握し、健康の回復・保持増進を図るために看護の理論を統合し、適切な看護を実践できる能力を養うことを目的とし、科学的根拠にもとづいた基礎的看護の実践・評価に加えて、受持対象者を通しての看護過程の展開が柱となっている。実習に当たっては、本校の担当者と、実習先の担当者が密接に連携を取る。場合によっては学習指導の内容の改善などが求められることから、まさに社会に開かれた教育課程の実践が進んでいる。さらに、実習後はカンファレンス抄録を作成して発表会を行い、臨地実習での学びの振り返りを行うとともに、実習成果を専攻科2年生全員で共有するなど、社会との連携をより深めていくよう工夫している。

（間　義浩）

7 「社会に開かれた」稚内型単位制高校

「社会に開かれた教育課程」の条件は、①学校教育を通じてよりよい社会を創るという目標を持ち、教育課程を介してその目標を社会と共有していくこと、②求められる資質・能力とは何かを、教育課程において明確化し育んでいくこと、③学校教育を学校内で閉じずに、その目指すところを社会と共有・連携しながら実現させることの三つである。このなかで特に③は、学校と地域との連携を基盤とし、「チーム学校」の考えや「コミュニティ・スクール」などの制度を活用し、学校教育目標を地域社会と共有して実現していくこととして重要である。

「社会に開かれた」稚内型単位制高校の理念

宗谷管内は道内で唯一単位制高校のない地域であったが、北海道稚内《わっかない》高等学校が2019（令和元）年度より、管内初の単位制高校として生まれ変わった。しかも全日制では多学科併置校であり、普通科・商業科・看護科の3学科のうち普通科・商業科への単位制導入である。

まず、単位制の実施にあたり、2015年3月に設立された「稚内の高等学校のあり方懇談会」で、稚内高校に寄せられた要望は、①地域の特性、地域の産業振興や発展に貢献できる人材育成、幅広い進路希望に対応可能な魅力ある高校づくり、②多様な科目選択が可能となる「普通科単位制」と「商業科単位制」、③生徒の学力に応じた少人数指導、習熟度別指導、特進コース等設置、④地域や保護者等への説明会の実施の四つであった。これらの要望を受け、単位制高校実施に向けて校内には「将来構想検討委員会」、その後設置された「単位制推進委員会」により議論されたなかで次の三つが理念として確定した。

①異学年次（2・3年次）による教科・科目の選択履修
②異学科（普通科・商業科）による教科・科目の選択履修
③「稚内学」（学校設定科目）の創設

「社会に開かれた」稚内型単位制高校の特徴

稚内型単位制高校の特徴は、地域に根ざした単位制高校として、学習指導はもとより、生徒指導、進路指導等における地域との連携強化である。稚内地域は大規模でなく小規模でもない、また大都市部ほどの地域との関係の希薄さがなく、小集落の人間関係のしがらみもない。つまりほどよく情報が収集でき情報の共有・活用が可能な地域である。市役所・市教委・宗谷教育局等の行政機関はもとより、小中学校・私立高校・大学・市立教育研究所・教育相談所・各研究団体等の教育関係機

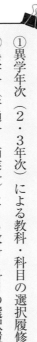

関、地域イベント団体、医療関係応援団体等との連携・協働も容易である。そういった連携をふまえて、学校としては、生徒の興味・関心や進路希望等に応じた多様な選択科目の設定を重視した。また、習熟度別授業、少人数指導、TTなどきめ細かい学習指導を充実させることにも留意した。

地域との連携の目玉である、特色ある科目の開設（学校設定科目「稚内学」「数学研究」「探究化学」等）は、より生徒の興味・関心や個々の進路に応じた教科・科目の履修が可能となっていることを特色として挙げることができる。

○少人数数学習集団（特進チーム）によるハイレベル学習の実現
・大学入試アドバイザーの設置　・きめ細かな進学指導
・模擬試験業者や予備校との連携　・定期的な保護者説明会の実施
○クロスカリキュラムの実現
・普通科生徒が就職・資格取得のため商業科科目の履修を可能とする
・商業科生徒が大学等進学のため普通科科目の履修可能とする
○地域に根ざした「学び」の実現（「稚内学」）
・グローカル人材の育成として地域の教育資源の活用として、稚内三者連携による「学び」の体系的接続の実現。
・地域の大学及び私立高校と「学び」「進路」「地域」における連携の実施

○「総合的な探究の時間」を教科横断的・総合的な探究活動として、課題の発見と解決に必要な知識及び技能を身につける科目とするために、実社会や実生活と自己との関わりを重視する。

稚内三者連携協議会の設立

稚内三者連携協議会は、市内の稚内北星学園大学と北海道稚内高等学校・稚内大谷高等学校の三者が連携することにより、地域に愛され、地域とともに生きる学校づくりを目指す協議会である。それぞれの連携は「学び」の連携、「進路」の連携、「地域」との連携の三つからなり、地域の教育機関が地域の子どもたちの教育と、未来に向けて連携しようという意志の表れである。

地域とともにつくる教育課程の意義

教育課程を社会に開く時に大切なのは、学校外部の力の活用である。しかし何より教職員の意識も重要であることは間違いない。しかし、今回の取組を通じて教職員の意識に変化の兆しがあるのは確かなことであり、今後教職員が稚内高校で経験したことを自信に変えて、自分たちが単位制を作り上げたという自負を持つことは重要である。その教訓が社会に開かれた教育課程の実現にとって大きな要素となることは確かなことである。

（濵田　哲也）

8 単位制高校がひらく生徒の可能性

高校改革の中で、北海道でも単位制高校は増加したが、一方で様々な課題を抱えている。筆者（谷）自身、北海道有朋《ゆうほう》高校に勤務した時、単位制の持っている可能性が明らかになったと感じられた一方で、全日制普通科単位制の学校が抱える課題も明らかになったように思う。

三部制による単位制高校の可能性

北海道立で唯一、三部制の単位制による定時制高校である有朋高校では、教務のシステムやクラスの在り方が、高校でありながら大学と同じような形態をとっている。クラス単位ではなく授業単位での活動が主体となっており、年次に関わらず生徒自身が履修登録した授業を受ける。つまり、異なる年次の生徒が同じ教室で授業を受けることになるのである。

有朋高校は、90分授業で1日6コマ、Ⅰ部（午前）・Ⅱ部（午後）・Ⅲ部（夜間）に分けて授業を行っている。３０８の講座を展開（２０１８年度）し、８：40～20：55まで授業を行っている。生徒必履修科目はそれぞれの部に配置され、配置されている科目は、どの部の生徒も履修できる。生徒は、最も授業を多く受ける時間帯の部の所属とするが、どの時間帯の授業を履修してもよい。Ⅲ部生だけは、併設する通信制との併修も認められている。

定時制高校は「働き学ぶ」生徒を受け入れることを目的に設置された過程であるが、近年は様々な事情を抱えた子どもたちを受け入れることが多くなった。有朋高校も、小・中学校で不登校となり学校へ行っていない生徒が多く在籍している。

生徒たちは、入学当初、人と関わることを苦手とし集団生活に馴染めない生徒が多いが、有朋高校の、学級という集団に縛られることなく、自分のペースで学習しながら、緩やかに人間関係を構築することができる環境の中で、自分の居場所を見つけ、不登校だった生徒も、地域行事やボランティアなどに参加するなど、他者とのコミュニケーション能力を向上させながら成長することができる。

学校の近くにある高齢者施設との交流会や施設の夏祭りの手伝い、冬の除雪奉仕などでは、高齢の方々と楽しそうに話をするなど、他者とのコミュニケーションが苦手な生徒だったとは思えないほど、積極的にコミュニケーションを取ろうという姿勢が見られるようになる。

この背景には、有朋高校が、学級集団から解放され、自分のペースで人間関係を構築し、自分の能力に合わせて学習することで、学ぶことの楽しさや他者と関わることへの自信が持てたことがあると思う。小学校、中学校時代に不登校となり他者との関わりを回避していた子どもたちが、アルバイトやボランティア活動等で社会との関わりを持とうという意識も芽生える。

全日制普通科単位制高校「進学重視型単位制」の課題

全日制普通科単位制の中に「進学重視型単位制」として、選択科目群の中に受験に特化した科目を配置する学校がある。このような全日制普通科単位制高校は、進学実績を高め、より学力の高い生徒の入学を目指し、進学校との切磋琢磨を繰り広げる。

しかし、そのような全日制普通科単位制高等学校は、単位制高校が本来もっている、柔軟性をもっていない。学級単位の授業は、異年齢の集団にはならず、生徒指導も進路指導も学年主導の取組から脱却できない。

つまり従来の学年制から脱却できておらず、年次とクラスをベースとして授業を展開していることにより、文部科学省のいう「学年による教育課程の区分を設けず、（後略）」や「学年の区分がなく、自分のペースで学習に取り組むことができること。」を実現することができていない。その主たる要因は、次の二つのことにあると思う。

一つ目は、空き時間が生じた生徒の生徒管理の方法であり、二つ目は、単位制を受験対応の科目増の方便にしか理解しない意識のカベである。

そうなると、年次毎で履修・修得しなければ、未修得の科目が1科目でも生じた時に、単位制にもかかわらず、「原級留置」という言葉が成績会議で出てくる場面すらある。

このことは、全ての高校が高い学力を持った生徒が入学する高校づくりに偏っていることから発生することではないだろうか。単位制は、生徒一人一人が社会の中で生きていくことに希望が持てるような教育活動の可能性があることをもっと意識すべきである。

単位制高校の可能性と「社会に開かれた教育課程」

確かに「文理分断」のカリキュラム編成は進学率を高めるには有効な手段であると思う。早い段階から受験を考えて科目選択させることが可能な「全日制普通科単位制」のメリットを生かしていると思う。しかし、子どもたちにどのような資質・能力を育んでいくべきなのか考えると、科学技術が急速な発展を遂げている現代社会に対応し、地域創生に貢献できる人材を育成するためには、「文理分断」という従来のやり方では対応できない。

全ての高等学校が「国公立や難関大学へ進学をさせること」の方便として単位制の導入を検討するのは問題であり、生徒個々の資質・能力に応じたカリキュラム・マネジメントや、社会に開かれた教育課程の実現に重きを置いた単位制の導入を考えられる意識が重要なのではないだろうか。

社会の状況が大きく変化しつつある現実を、教師自身が実感する機会を増やし、単位制の本来の意義を理解し、本来のメリットを生かす単位制の導入こそ求められているのである。（谷　尊仁）

9 個に応じた特別支援教育の「知見」に学ぶ

筆者（川瀬）は初任から管理職の副校長まで高校に勤務し、校長となって初めて特別支援学校に勤務している。特別支援学校に限らず、いずれの学校においても、「共生社会」を目指す「インクルーシブ教育システム」の構築を目指すことが期待されている。「インクルーシブ教育システム」の目的は、「人間の多様性の尊重等を強化し、障害者が精神的及び身体的な能力等を可能な最大限度まで発達させ、自由な社会に効果的に参加することを可能にすること」である。新指導要領のもと教育課程を、社会に開く目的も同様に、「よりよい社会の実現」を目指してのものである。

社会、学校、家庭、個人等のあり様は、常に変化している。各学校においては、個に応じる体制づくりとともに、それは常に変化するものである、という認識や覚悟を持って見直しを重ね、体制を組み替え、役割を交代させるなどの、柔軟な対応が求められる。

特別支援教育の「知見」に学ぶ

学校経営の視点や学校運営全般に関すること、保護者や地域、関係機関との連携に関すること、授業づくりに関することなど、高等学校にも通じる、特別支援教育の「知見」に学ぶことは多い。

まず、勤務校における、個に応じた「授業づくり」の、大まかな流れを紹介する。

①「個別の教育支援計画」「個別の指導計画」の確認→長期的な「目標」の確認
②「実態把握」の徹底→課題を抽出し、「課題関連図」に基づいて中心課題確認
③「教科のフィルター」を通す→「教科」としての目標設定は可能か否かを確認
④関係スタッフ（同僚教師、療法士等）との具体的な「指導計画」の協議
⑤「教材研究」→子どもの「実態把握」に基づく、教材・教具の選択・開発
⑥「評価の観点」も含め「学習活動・指導方法」の工夫→関係スタッフとの連携
⑦「授業実践」→健康確認の上、その場での学習活動・指導方法の改善も図る
⑧「記録」と「評価」→写真・動画等の活動記録を蓄積し、形成的に評価
⑨「振り返り」→「個別の指導計画」の更新、「学びの履歴」への記録

多彩な学習形態、多様な教材・教具を駆使し、学習者が主体的に学ぶ「アクティブ・ラーニング」型授業がなされている。黒板とチョークによる一斉授業という、授業の固定概念は通用しない。知識理解が先行する学びから、「何ができるようになるのか」という「確かな学力」に応える、新指導要領の「学力の3要素」に直結する授業が、特別支援教育の現場では先行的に行われている。

次に、個に応じた特別支援教育の有効な「知見」の一例として、コミュニケーションに関連する基本的なスキルのポイントを紹介する。

①「客観的理解」：主観ではなく客観的に子どもを理解する

↓重度・重複障がいの子どもの行動の理解は、我々の推測が混入し、主観的なものになりがちである。科学的観察を通じて、客観的に子どもの行動を理解する必要がある。

②「テクニック」：子どもの反応を引き出すテクニックを身につける

↓重度・重複障がいの子どもの反応を理解するためには、「環境調整」（子どもにとってのノイズを整理する）「教育的介入による反応強化」（教育的介入によって、特定の行動・子どもの反応を起こりやすくする）「観察のフレームかけ」（観察の視点や対象を明確化する）などの方法によって、できるだけシンプルな状況で子どもの行動を観察する必要がある。

③「テクノロジー」：テクノロジーを利用して子どもの反応を探る

↓肉眼による観察だけでは限界がある。広く普及しているビデオカメラやおもちゃなどを用いて、子どもの反応を可視化し、増幅するような方法がある。

④「障がい」：医療からではなくコミュニケーションの困難さから子どもをとらえる

↓障がいにかかわる医療的視点ではなく、重度・重複障がいをコミュニケーションの困難さという視点でとらえ、学習活動を工夫する必要がある。

⑤「医療的ケア」：医療的ケアの知識を理解して子どもとかかわる

↓家庭や学校でも医療的ケアが必要な子どもたちが増えている。そのような子どもたちとかかわる時には、医療的な基礎知識（関連の専門的基礎知識）を知っておくことが必要である。

以上の、特に波線を付した点を活かし、児童生徒についての大まかな理解を精緻化し、各自が抱える具体的な「課題」を抽出する。

学習者の「主体的・対話的で深い学び」を目指す学校教育では、まず、学習者の実態を、的確に把握することが、「深い学び」に向かう指導の第一歩であると考える。

個別の「教育的ニーズ」に応じた学校経営

昨今、特別支援学校に限らず、高等学校における「通級」や通常学級においても、個別の「教育的ニーズ」に合わせた、オーダーメイドの指導・支援が期待されている。その期待に応えるためには、教職員の力量形成と組織的・継続的な校内研修体制が必要となってくる。特別支援学校では、特別支援教育推進のために、校長が、その中核となる「特別支援教育コーディネーター」を指名し、校務分掌にも明記している。特別支援教育コーディネーターの役割は、①特別支援教育のための校内委員会活動の推進、②保護者の相談窓口、③学級担任への支援、④外部機関や関係機関との連携、⑤センター的機能としての支援、である。特別支援教育コーディネーターに求める資質として、「課題は何か実態把握と主な症状を整理でき、校内でできることとできないことを仕分け、最後に外部機関との連携を図る力量」を持ち、さらに具体的な力量として「コーディネーション力（組織調整）、コンサルテーション力（助言）、ファシリテーション力（促進）、ネットワーキング力（連携）、カウンセリング力（相談）。アセスメント力（評価）の六つの力」を持つことがあげられている。このような人材は確かに理想的であるが、実際の学校経営の場においては、一人を指名するのではなく、複数名をチームとして指名することが、現実的であると考える。

前任校では、校務分掌として教育相談部を設置し、部長が、このコーディネーターに類似した役割を果たしていた。ただし、「不登校」など、生活面での課題を抱えた生徒に対する支援や指導が、主たる役割であった。特別支援教育コーディネーターの役割・機能は、前任校の教育相談部長の役割・機能にとどまるものではない。特別支援教育の推進を担い、「学校教育目標」の実現を目指して、「教育課程」の実施に向けて、校内外と連携・協働しながら、学校教育全般に関わるものであり、まさに、「教育のコーディネーター」である。校種を越え、これからの高等学校においても、求められる役割・機能と考える。

「社会とのつながり」を意識させ、「学びの意味」を獲得させるためには、固定概念にとらわれない、「授業」の改善が急務である。人間としての本質的な在り方生き方に迫る、個に応じた特別支援教育の「知見」に学ぶことは、その有効な手立ての一つと考える。

（川瀬　雅之）

【参考】
・武長龍樹・巌淵守・中邑賢龍編著『黙って観るコミュニケーション』atacLab、２０１６年
・柘植雅義編『ポケット管理職講座　特別支援教育』教育開発研究所、２０１４年
・古川勝也・一木薫編著『自立活動の理論と実践』ジアース教育新社、２０１６年

10 「社会に開かれた」教育目標と経営方針

今各学校では、社会に開かれた教育課程をはじめとして、新指導要領の実現が求められている。その実現のために、各学校の教育目標の見直しと経営方針の策定の工夫も重要となっている。

新指導要領と学校教育目標

教育課程は、教育目標の実現を目指して編成されるものであるから、社会に開かれた教育課程の実現に向けてそれにふさわしい学校教育目標が求められるのは当然である。「高等学校学習指導要領解説総則編　第3章　教育課程の編成　第2節　教育課程の編成　1　各学校の教育目標と教育課程の編成」には、次のように記述されている。

(1)法律及び学習指導要領に定められた目的や目標を前提とするものであること。
(2)教育委員会の規則、方針等に従っていること。
(3)学校として育成を目指す資質・能力が明確であること。
(4)学校や地域の実態等に即したものであること。
(5)教育的価値が高く、継続的な実践が可能なものであること。

(6)評価が可能な具体性を有すること。

特に新指導要領では、「(3)学校として育成を目指す資質・能力が明確であること」が組み入れられた。これらのことを踏まえて、各学校では、それにふさわしい学校教育目標を明確化し、教職員全体で共有することが必要である。そして、その目標が達成されたのか、何が足りなかったのか、などを検討・改善するシステムを確立することを想定して目標を明確化することによって、充実した教育活動につながる環境を作ることが求められている。

学校教育目標の明確化の実際

では、学校教育目標の明確化はどのように行えばよいのだろうか。このことについて、天笠茂氏は、「第一に、授業を工夫・改善し、教育課程の実施を評価することを可能とする学校教育目標であること、第二に、下位目標や部門計画の整理・統合を可能とする学校教育目標であること」の二点をあげている(天笠茂「学習指導要領改訂と学校経営——学校教育目標を明確にする」「教職研修」2018年4月号、50~51ページ、教育開発研究所)。

この指摘を踏まえ、私の勤務した地方都市の中規模校における教育目標について、測定の可能性、諸計画の整理・統合、という観点から分析・検討してみたい。既成の教育目標は次のようなものであった。

①真理の探究　学習研究に努め、将来郷土の文化発展に資する識見を養い、国家及び世界の平和と幸福のために貢献する知性を磨く。
②徳性の向上　徳性の涵養・品性の陶冶に努め、もって質実にして明朗な気風を培う。
③健康の増進　風土と環境に適応する心身の鍛錬と、保健衛生の観念の徹底を図る。

知・徳・体の均整のとれた、一見して何も変える必要はない、と感じる教育目標である。しかし、この目標に、育成を目指す資質・能力を、A「知識・技能の活用力」B「課題の発見・解決力」C「地球的規模で活躍する力量」D「多様性を尊重する態度」E「協動力（対話力）」F「健康で何事にも挑戦する力」として盛り込み、これまでの目標を生かして改訂すると次のようになる。

学校教育目標　「C地球的規模で活躍する人材を育成する」
目指す生徒像
①B確実な根拠を持って事柄の正しさを見きわめ、郷土の文化発展に寄与する能力を磨き、日本及びC世界の平和と人々の幸福のために貢献するA知的能力を身につけた生徒。
②E自他の人権や生命を敬いD尊重する精神を持ち、E誠実で明るい生徒の集団。
③地域の環境の中で、F健康で力強く生きていくよう心身を鍛え、健康・清潔な生活の維持が

できる生徒。

この目標に込められた思いは、各教科・科目の授業において、高いレベルの知識・技能を身につけ、日常生活や社会現象の中での課題を発見し解決していく場面の設定、常に「なぜ」という疑問を持ち真実について根拠を持って説明する場面の設定が求められる。また、「地球規模」を意識し、英語力の向上に向けた各教科・科目の様々な場面の設定が求められる。また、特別活動・学校行事では、仲間と協働的に活動する場面や相手を思いやり生かす場面の設定が求められ、留学生や留学した生徒との交流、外国文化に触れる行事の設定などグローバルな活動の設定が求められる。

そして、「総合的な探究の時間」では、「地球規模」を意識し、国際的に意義あるものとなるよう各教科・科目の授業で得た知識・技能を活用し、データの収集・分析などによる科学的研究方法での探究活動の設定が求められる。

学校経営方針策定の工夫

学校経営方針とは、教育目標を達成するための学校経営計画の戦略を示したものである。松岡敬明氏は、「校長が果たすべき職務、いわゆる四管理二監督を遂行する上での基本方針を内外に示すものである」と述べている。さらに学校経営方針について松岡氏は、「学校評価を踏まえ、課題解決を図る方策や方向を示し、自校の教育の充実・発展を期して、なおかつ新たな教育課題等へ対してもしかるべき対応が図れるように策定していく必要がある」と述べている（松岡敬明「学校経営方針を考える」「週刊教育資料」２０１８年5月21日号、日本教育新聞社、12～13ページ）。

また、妹尾昌俊氏は、学校経営方針の策定に当たって、注目してほしいことを3点指摘している。1点目は「当たり前のことだけを書いて満足していないか。当たり前のことを書く背景、意図を説明しているか」、2点目は「抽象的な概念やキーワードでごまかしていないか」、3点目は「これまでの取組の反省点を活かした計画になっているか」と指摘している（妹尾昌俊『思いのない学校、思いだけの学校、思いを実現する学校』学事出版、２０１７年、31～53ページ）。

このことを踏まえ、私の勤務した商業科、看護科、看護専攻科の3学科1専攻科を例に、多学科集合型の学校における学校経営方針について分析・検討してみたい。特に、妹尾氏の学校経営方針策定の場合の留意点に基づいて分析してみる。既成の経営方針は次のようなものである。

①組織的・効率的で（ア）柔軟な学校運営を推進し、常に改善を指向する体制の確立に努める。
②教職員がその職責（ミッションとビジョン）を自覚するとともに、（イ）研修による資質能力の向上に努める。
③保護者や地域との（ウ）積極的な連携を推進し、（エ）開かれた学校づくりに努める。
④多学科集合型の特性を生かした、（オ）多様な教育実践の推進と、一つ屋根の下、一体感の

構築に努める。

この中で、（ア）柔軟な学校運営・（エ）開かれた学校づくり・（オ）多様な教育実践は、ともに抽象的な表現である。また、（イ）研修による資質能力の向上・（ウ）積極的な連携はともに当たり前のことを書く背景、意図を十分説明しているとは限らない。以上の点について留意し改善してみると次のようになる。

①組織的・効率的で（ア）教育活動が円滑に進むよう学校運営を推進し、常に改善を指向する体制の確立に努める。
②教職員がその職責（ミッションとビジョン）を自覚するとともに、（イ）授業改善やカリキュラムマネジメントなどの研修による授業力や学校運営参画意識などの資質能力の向上に努める。
③（ウ）保護者や地域と教育活動に関する積極的な連携を推進し、（エ）保護者や地域住民に開かれた学校づくりに努める。
④多学科集合型の特性を生かした、（オ）各学科の特色ある教育実践の推進と、一つ屋根の下、一体感の構築に努める。
⑤教職員の職務上・身分上の服務監督や学校事務の管理、学校の施設設備の安全管理に努める。

最後に⑤として教職員の服務監督や学校事務、学校施設の管理を追加した。

「社会に開かれた教育課程」を意識して

これからの社会において、学校教育は生徒への指導とともに地域の発展に寄与することが求められている。育成を目指す資質・能力を明確にするには、地域社会が求める資質・能力は何か、生徒が街を離れても再度街に戻って活躍したいと思うためにはどのような教育が必要か、地域を愛する心を育成するには何が必要か、など地域社会の声を十分聞く必要がある。

育成を目指す資質・能力を明確にした学校教育目標が、地域住民の協力で設定され、学校運営がその目標に基づいてPDCAサイクルで確立されれば、それは社会に開かれた教育課程の理念を実現することになる。

校長は学校評議員やPTA役員などの地域住民の考えや思いに十分配慮しながら、学校教育目標や経営方針を設定し、最終的には、地域住民にもその内容と生徒の成長する姿を説明し、意見交換するとともに理解してもらうことが必要である。コミュニティ・スクールの機能と重なるが、このことが学校と地域社会が生徒をともに育てる第一歩である。これからの校長には、校長室内外で地域住民との対話をより重視することが重要なのである。

（小形　秀雄）

第3章

「社会に開かれた教育課程」教科・科目等の実践事例

学校全体のカリキュラムの下には各教科・科目等があり、それぞれの目標の達成に向けて担当教員が指導計画を作成して実践している。学校として「社会に開かれた教育課程」を標榜しても、実際の授業等にその理念が十分に反映されていなければ、真に「社会に開かれた教育課程」の実現には至らない。

本章では、「社会」のとらえ方や、「社会への開き方」には各学校の実態を踏まえる必要があることから、幅広い授業実践を紹介する。

1 国語科――「他者」に開かれた「国語表現」の実践

現行指導要領と新指導要領を比較すると、新指導要領の科目「国語表現」には「社会」「他者」という言葉が頻出している。これは、新指導要領が実社会で役立つ学力の育成を目指しているとともに、他者の立場に立ってものを考えて表現する力の育成を目指していることを意味していると考えられる。学校で学んだ知識が実社会の場で生かされることによって社会はよりよいものとなることが実感できれば、生徒にとって学校での学びは「社会に開かれた」ものとなる。ここでは「他者」の立場を想定した表現活動が、生徒に社会で生きることとはどういうことかについて考えさせ、そういった思考がよりよい社会づくりにつながるということを、生徒が意識できるような実践を提示したい。

複数の投書を比較、分析して意見文を書く

上記のねらいを実現する授業例を一つ紹介する。生徒にA、Bの投書を読ませ、ここで論じられているテーマは何か、それぞれの主張は何であるか、そのように考える根拠（理由）は何であるかをまとめるという授業である。投書の概要は以下の通りである。

○長崎大学が教職員採用で喫煙者を採用しないという方針について

A「喫煙者の不採用方針　差別では」（「朝日新聞」２０１９年６月７日掲載）

………「喫煙者は採用しない」ことに否定的な投書。

B「喫煙者不採用はやむを得ない」（「朝日新聞」２０１９年６月18日掲載）

………「喫煙者は採用しない」ことに肯定的な投書。

次に、①賛成、反対の立場を明確にする、②理由を二つ以上挙げる、③字数は４００字程度とする、④常体で書く、の四つの条件で意見文を書くように指示。また、原稿用紙にはコメント欄を設け、２人の同級生に読んでもらい、コメントを書いてもらって提出するように指示した。

この授業のねらいは、喫煙に関する異なる立場の文章を読むことによって、喫煙が個人の健康の問題でなく社会全体の問題であることに気づき、これからの社会がどうあるべきかについて考えることにある。生徒は保健の授業などでたばこの害について学習している。しかし、喫煙者、非喫煙者それぞれの立場に立ち、どんな主張が成立するかについてまでは考えていない。「他者」の立場に立ってものを考えることによって、たばこが単に個人の好みの問題ではなく、社会問題であることに気づく。そして、よりよい社会にするために両者はどうすればよいかについて、考えを巡らすようになる。また、喫煙者を不採用とすることが差別にあたるかどうかを考えるためには、憲法をはじめとする法律を視野に入れて考えなければならない。このような学習活動を通して、生徒たちは「他者」の存在を意識するとともに、自分たちの社会がよりよくなるためにはどうしたらよいかを思考する契機となると考えられる。

注意書きや説明書の表現を考える

２０１７年11月に行われた大学入学共通テストの試行調査（記述式問題）では、生徒会の会則や学校新聞が問題文として出題された。このような、いわゆる「実用文」が出題されることの是非はここでは論じないとして、これからの高校国語では、小説や評論文だけでなく、取扱説明書をはじめとする実用的な文章も教材になり、それらの文章を正しく読み取ることが求められることを意味している。そうしたことを念頭に、次の実践は「国語表現」で、以下【問題１】【問題２】についてグループ学習の形式で生徒たちに考えさせたものである。

【問題１】次の文章は、台所洗剤の「使用上の注意」の最初に書いてある注意書きである。空欄に当てはまる表現を考えなさい。

「（A）の誤飲を防ぐため、（B）に注意する。」

※正解　A…子どもや認知症の方　B…置き場所

【問題2】次の注意書きは、札幌市のある区の体育館のバスケットボール設備一般開放における最初の注意書きである。空欄に当てはまる表現を考えなさい。
「万一、他の利用者へ接触した場合、（　　）は外してください。」
※正解　危険になると思われる装飾品

この実践のねらいは、異なる立場、それも社会人の立場を想定して思考するところにある。【問題1】であれば、企業は自らの作った商品により事故が起きたら責任を問われるため、事故を未然に防ぐ努力をしなければならない。また、【問題2】であれば、区は利用者の怪我を防ぐため、しかもバスケットボールにおいては、どんなことに配慮しなければならないかを注意喚起しなければならない。生徒は企業や区の立場に立って考えなければならない。生徒が自らの立場から離れ、社会人の立場に立って考えることで、生徒は社会を意識して考えるようになる。

新指導要領「国語表現」の「1目標　(1)」に「実社会に必要な国語の知識や技能を身につけるようにする。」とある。たとえば、授業で学んだ敬語の知識を生かして、社会人の立場に立って何かを伝える文章を適切に表現できるようになれば、その知識は社会に生かされることとなる。

（大屋敷　全）

2 地理歴史科①――「総合科目」は郷土誌で探究する

北海道遠軽《えんがる》高等学校は、学校設定科目として「オホーツク風土研究」（3年次：2単位）を開講している。本科目では、新指導要領の地理歴史科（以下、地歴科）の必履修科目である「地理総合」「歴史総合」（以下、総合科目）の目標・ねらいと相似する、郷土誌による探究活動を行っている。今年で開講後10年が経つが、町内外の専門家や関係者の手厚い支援により年々探究内容の深化が図られてきた。

遠軽高校の「オホーツク風土研究」とは

シラバスには開講当初から「遠軽を取り巻く郷土オホーツクについて、その自然や歴史、今の姿、そして人々との関わりを探り研究することは、この地域の未来をみつめること」と記載しており、すでに「社会に開かれた教育課程」の理念を先取りして、郷土理解を通じて地域振興を見据えることができる資質・能力の育成を目指している。

２０１８年度の年間指導概要は次のとおりである。

4月／5月～遠軽町史・オホーツク地誌の理解、6月／7月～町内及び学校周辺の巡検、8月～遠軽町白滝ジオパーク巡検、9月／10月／11月～オホーツクの地誌探究、12月／1月～成果発表原稿作成・発表

この間の巡検地は6箇所、外部講師招聘15名、連携機関10施設である。担当教員は5名（地歴科2名、理科2名、情報科1名）を専任とし、必要に応じて分掌や学年からの応援を受ける体制を組んでいた。特に4月から8月にかけての探究活動は遠軽町主催の「ジオパーク講座」の受講を併修しており、最終的な探究活動のレポート作成をもって受講修了が遠軽町より認定され受講修了証が副町長より生徒一人一人に手渡される。その修了証には「遠軽町ジオパーク大使」任命と記載されており、生徒は将来にわたって「終身大使」として地元の観光資源や物産品等のPRを行っていくこととなる。2015年の中教審答申「新しい時代の教育や地方創生の実現に向けた学校と地域の連携・協働の在り方と今後の推進方策について」で強調されていた「地域とともにある学校」の実践例としても、この「オホーツク風土研究」の活動は参考になろう。

新指導要領の地理歴史科「総合科目」設置のねらいと旧教科「社会科」の復活

「総合科目」設置のねらいは、中学校での習得知識を基礎として高校での発展的学習につなげるとともに、専科の壁を崩し、科目間での既習知識の総合化によって探究活動を促進することにある。したがって「社会に開かれた教育課程」を謳う新指導要領の中核を担う科目となるだろう。

新指導要領の地歴科と公民科の目標を比較すると、興味深いことに気がつく。地歴科の目標は「社会的な見方・考え方を働かせ、課題を追究したり解決したりする活動を通して、広い視野に立ち、グローバル化する国際社会で主体的に生きる平和で民主的な国家及び社会の有為な形成者に必要な公民としての資質・能力を次のとおり育成することを目指す。」となっているが、公民科の目標でも地歴科の目標にある「課題」が「現代の諸課題」に置き換わっているだけで、他の文言は同一である。事実上、両教科の融合すなわち旧教科「社会科」の復活が図られているのである。また中学校「社会科」の目標もほぼ同一表記であることから、新指導要領では中学校「社会科」と高校「地歴科」「公民科」をリンクさせたいわば「大社会科」により、「社会的な見方・考え方」を総合させるよう「身近な地域」から始める探究活動が期待されているとも考えられる。

「社会に開かれた教育課程」の本丸として

また「大社会科」の目標に共通の「公民」とは、端的には「主権者」を表す。主権者教育は地域社会の形成に参画する資質・能力を育てることが重要なことから、その中核がまさに高校の地歴科の「総合科目」や公民科の「公共」でなければならないだろう。

「オホーツク風土研究」では地域の振興についても探究しており、この指導内容を「総合科目」や「公共」の関連する単元に落とし込むことで両科目の指導目標は大部分達成できる。類似の学習はどの地域でも可能であることから、「総合科目」のカリキュラムの中心に郷土誌を置くことを考えたい。その探究活動には地域の施設や専門家の支援が不可欠だが、教科、管理職も挙げて準備に当たることで科目担当者の負担は減らせる。理科をはじめ他教科教員の協力も得ることができれば、新指導要領の理念であるカリキュラム・マネジメントの手本として、まさしく「総合的な探究の時間」と肩を並べる活動内容となるだろう。

「総合科目」や「公共」の配置や指導には理念を貫く

新指導要領の理念や「総合科目」の学習プロセスの系統性を考えれば、「地理総合」「歴史総合」

は1学年への配置が望ましい。中学校「社会科」での既習知識を活用することも容易く、郷土誌をコアとした「総合科目」間のミックスカリキュラムを編成することも可能になる。たとえば両科目を隣接させ2時間連続の活動とすることや、考査問題・レポート類等の一本化といった副次的な運用も期待できる。加えて「総合的な探究の時間」との連携もでき、多数コマを必要とする授業展開への対応も可能となる。そして、「公共」は2学年に配置するのがよいと考えている。1学年での「総合科目」の学習成果や、「総合的な探究の時間」でのシティズンシップ教育あるいはキャリア学習の成果を踏まえた、発展的な主権者教育に取り組めるからである。また、選挙権を行使する主体的な市民の育成を目指すためには、選挙権年齢に近い2学年が相応しいと考えるからである。

ここまで郷土誌の探究を中核とした取組について述べてきたが、その発展として地歴科の「地理探究」「日本史探究」「世界史探究」といった探究科目の学びの在り方を見据えていきたい。まず「地域」という空間を体験した後「広域」や「世界」といった外界を探究していくことで「社会に開かれた教育課程」の目指す『社会』という扉が開いていくのではないだろうか。

（山崎　誠）

3 地理歴史科②

―「社会で生きてはたらく力」を高める「雑煮」の実践

高校における進路選択は、生徒によって、学校の実態によって多様である。たとえば筆者の前任校では、およそ半数の生徒が就職、４分の１強が専門学校へ進学、残りが大学や短大へ進学するといった進路状況であった。地元への就職が大半で、地域社会の産業の担い手として卒業後の活躍が期待されていることから、地域社会との接続や地域づくりの担い手としての意識を持たせることを念頭に置いた指導が求められている。

多くの学校でインターンシップを実施しているが、社会人基礎力を養い、生徒にキャリア意識を持たせるには十分とは言えない。継続的で日常的なキャリア発達につなげるための指導の工夫が求められる。ＨＲでの講話や面談はもちろん、各教科の授業においても、学習内容との関連を図りながら、地域社会や職業、家庭生活を考える学びが重要である。社会人としての自覚や態度に関すること、社会人としての生活を支える家庭における自立した生活スキルについて、今の高校生の成育環境では十分に身につけていないことが多い。

「社会で生きてはたらく力を高める」学びのコラボレーション

高校の授業を通じて、抽象的な内容や概念的な内容を演繹的に学んでいくことは重要であり、毎時間の授業において社会ですぐに役立つことを扱い、生徒に社会生活における実践力を身につけさせることは難しい。しかし、社会でたくましく生きていくために、高校で学んで知っておきたいこと、身につけておきたいスキル、経験しておきたいことはたくさんある。教科の学びをきっかけにして、教科書の内容から少し社会生活に寄って、発展的、応用的、実践的に学習活動をプログラムしてみた。

就職内定が決まり、HRの大半の生徒が進路活動を終えようとしてきた頃に、今一度、高校で学ぶことの意義を問い、教科で学んでいることとこれからの社会生活の関わりを考えさせる授業に取り組んだ。日本史で学んだ日本の伝統文化や風習についての学習とこれからの家庭生活で役立つ体験を組み合わせて、生徒にとって記憶に残る学習活動となることを願い日本史と家庭科のコラボレーション学習を計画した。前年度まで調理実習を指導していた家庭科教員の協力を得て、北海道で食べられている「雑煮」を調理する「雑煮の歴史と味」を探究した。

各地の風習にのっとり年始に伝統的に調理してきた「雑煮」について学習し、その調理方法の実習を通して、今後の社会生活に生きて働く実践力を育むことをねらいとした。3年生のすべてのクラスを対象に、日本史の授業と調理実習を実施した。まず、江戸時代の生活と年中行事や伝統文化、風習について学習し、次時は、北海道の「雑煮」の特徴と調理について、2時間続きの授業として家庭科教員の協力を得て実習を行った。そして、その後の授業で「雑煮」から探究する「北海道に暮らす我が家のルーツ」というテーマでこの学習の振り返りを行った。（資料1参照）

【資料1】

日本の文化や風習を学ぶ日本史　3年　組　番　氏名（　　　　　　）

1　「雑煮」の由来

Q1「お正月に雑煮を食べるのはどうして？」

Q2　「いつ頃から雑煮は食べられるようになったのか？」

2　各地の雑煮の特徴

Q3　「右の写真の雑煮はどの地方の雑煮だろうか？」

Q4　「丸餅を入れるのはどうして？」

Q5　「角餅を入れるのはどうして？」

3　各家庭の雑煮の味、具材

Q6　「家によっても雑煮の特徴は違う。江戸を治めた徳川家の特徴は？」

入っている具→

Q7　「よく食べる「雑煮」にはどのような具が入っているか？」

「出汁（だし）は？」

徳川雑煮

江戸時代を治めた徳川家のお雑煮は、ウサギの肉と小松菜が入っていたと言われています。その由来は、徳川家康の先祖が、まだ不遇の時代に、信州でウサギ肉の汁をいただいたところから運が開けてきたという逸話を大事にしたから。やっぱり縁起がいいものを選びたいですよね。お雑煮にはそれぞれの家の物語も背景にあるのです。

※『お雑煮マニアックス』粕谷浩子著、2016年プレジデント社　より引用

温かい食事を囲むことの大切さを実感

家庭で雑煮を食べたことがない生徒がいたり、普段はコンビニやスーパーで買ったものを食べることが多く、家族が調理した温かい料理を食べることが少ない生徒もいる。家庭環境の変化の中で、「家庭の味」として「雑煮」を知らない生徒たちに、日本の文化や風習として「雑煮」を作って食べる体験をさせることの意義は大きかったと考えている。卒業を前にして、クラスメイトとともに作った雑煮の味が良い思い出として記憶に残るだけではなく、これからの社会生活の中で、心のバランスを保ちながら、生活の基盤としての家庭生活を自ら創っていくことへの意識を持たせておきたかった。日本史で学んだ教養とこれからの実生活で役立つ経験を結びつけて、生徒がそれぞれの人生の場面で活用することが少しでもあるなら有意義であったと言える。

生徒の学びや経験を家庭と共有

ＨＲ通信による生徒のキャリア発達に関する情報発信は、家庭との連携の意味においても重要で、生徒への日常的な指導を定着させるためにも効果的に活用することができる。「おばあちゃんに雑煮を作って食べてもらう」と授業後の感想を話していた生徒の様子を、他の家庭にも伝えたかった。

家庭ごとの雑煮の味のルーツについて食卓の話題にしてもらえると、授業での学びは家庭生活や今後の生徒や家族の学びにも広がることが期待できる。（資料2参照）

ＡＩの進化をはじめとして産業構造が大きく変わろうとする中、キャリア教育がますます重要となる。このキャリア教育を実りあるものとするためには、生徒の在り方生き方の自覚につながるような教材が重要となる。日常の授業を通じて、生徒のキャリア意識発達にどのように働きかけるか。

【資料2】

蒼海《そうかい》航路　夢、開く

3年3組HR通信
平成30年11月26日発行
文責：吉川　敦巳
16号

「考え方が変われば
人生が変わる」

仲間と作った雑煮の味

日本史の時間に雑煮の由来や歴史を探求する学習を行った。家庭科の先生の協力を得て、実際に北海道でよく食べられている出汁と具材で調理することができた。

雑煮の味は、それぞれ家庭の歴史によりたどり着いている味でもある。家族のルーツをたどれば、東北地方の味、関西地方の味など、それぞれの地方の特色を反映している具材や味付けになっていることに気がつく。雑煮の味の探求を通じて、自分のルーツを探ってみることも面白そうだ。

様々な人間模様の末に自分の存在にたどり着き、それぞれの家族の文化や風習が融合して今の自分の暮らしがある。

これから一人前の社会人として生きていく時に、「自分だけが一人である」という孤独感に落ち込む時があるかもしれない。そんな時は思い出して欲しいな。色々な人の味が合わさって、自分が食べてきた味があること、高校を卒業する前に仲間と楽しく作った雑煮の味を・・・。

「ひとりではない」ということを思い出して、次の日も頑張って欲しい。元気を出しておきたい時に、雑煮を作って食べよう！

親になって・・・

自分に家族ができた時には、温かい汁物を作って食べさせてあげられると良いね。子どもには、「温かい味」を知っておいてもらいたいからね。

「ただいま」と家に帰って、温かい汁物を口にしただけで、大抵の小さなことや辛いことも、「たいしたことなかった」ということにできるからね。そしてまた次の日も頑張れる。家庭の味が持つ心のリカバリ力は侮れない。

「今年のお正月には、家族と一緒に雑煮を作ってみます。」

「意外と簡単に出汁をとることができたので、家でも自分で作ってみます。」

「おばあちゃんにお雑煮作って食べさせたい。」

こんな感想を寄せてくれた生徒がいたことを嬉しく思っている。人の気持ちが温かくなる、雑煮の魅力を学んだ君たちとの学習は、とても良い思い出になった。卒業まで、高校で学ぶべきことは、まだまだある。これからも大切にしておきたい「生き方」を学ぼう。

蒼い大きな海（「蒼海」）に船出する人生行路（「航路」）。一人で生きてゆく。でも「ひとりじゃない」

同僚と力を合わせることで生徒に与える影響力を高めることは可能である。教科連携によるクロスカリキュラムを学びの中核に据えることにより、「これからの社会を創る」生徒の人生の基盤をつくり、卒業後も続く人間としての学びへの意欲を高めることもできる。

（吉川　敦巳）

4 公民科

――「政治・経済」での国際バカロレアを活用した課題探究的な学習と評価

「社会に開かれた教育課程」の「よりよい学校教育を通してよりよい社会を創るという理念」を実現するためには、エージェンシー（Agency）、「社会と関わりながら、自分で考え、主体的に動き、責任をもって社会を変えていく力」（「The OECD Education2030プロジェクト」より）の育成が欠かせない。そこで、国際バカロレア（ＩＢ）を活用した課題探究的な学習に取り組んでいる市立札幌開成《かいせい》中等教育学校の「政治・経済」の授業を紹介する。

ＩＢを活用した「生徒に開かれた教育課程」

「社会に開かれた教育課程」の実現には、現実社会で求められる資質・能力を明確にし、その力を総合的に使いこなすことを求めるような、日常生活との類似性が高く子どもにとって切実なパフォーマンス課題を教師もしくは生徒自らが設定し、生徒の主体的・対話的な活動と教師の効果的なフィードバック（形成的評価）を繰り返しながら学びを深め、そのプロセスを振り返る、というサイクルを繰り返す探究型の学習が欠かせない。また、将来を見通すことが困難で正答のない社会において幸福で充実した人生を送るためには、エージェンシーとともに「新たな価値を創造する力」や「対立やジレンマを克服する力」などの再定義された「変革を起こす力のあるコンピテンシー」や、その礎となる自己効力感や自尊心を生徒が育む機会を設定することが求められる（白井俊「The OECD Learning Compass 2030」「内外教育」２０１９年7月9日号、時事通信社参照）。

本校は、６年間の連続した学びを生かして「自立した札幌人」を育成することを目的に、「わたし アナタ min-na そのすがたがうれしい」という学校教育目標のもと、生徒に「自ら課題を発見し、生涯にわたって学び続ける力」や「自己を肯定し、多様な価値観を認め合う心の余裕」そして「未知なるものに挑戦し、自らの道を切り拓く勇気」等の資質・能力を身につけさせるため、全教科にわたって「課題探究的な学習に向き合う環境」や「安心して挑戦できる環境」等を整えている。さらに、学びの責任を段階的に教師から生徒に移行させながら、彼ら／彼女たちを自ら学習をマネジメントすることのできる自己調整学習者に成長させることを通して、「学びを人生と社会に生かそうとする力」を育てることを目指している。

本校では課題探究的な学習の質を確保するため、国際的な教育プログラムであるＩＢの学年縦断的かつ教科横断的に整合性のある評価規準を活用している。具体的には、各単元のはじめにその学びに求められる目標とその達成度を承認するための評価方法（総括的評価課題）並びにその評価規準を生徒と教師が共有し、そこから逆向きに授業を進めることによって、各教科の目標並びに生徒の学習と教師の指導、そしてその評価の一体化を行っている。この評価規準や評価方法の風通しのよさは、生徒の学びに対する主体性を高めたり、自己評価により自分の学びを深めるだけではなく、教師間の共通前提としてその協働を促進させ、授業準備の打ち合わせ時間を短縮するなどの働き方改革にもつながっている。「社会に開かれた教育課程」は何よりも先に、「生徒に開かれた教育課程」でなければならないのである。

公民科「政治・経済」の単元カリキュラム設計

ここでは、「政治・経済」の「現代の日本における政治・経済の諸課題」の単元での実践を紹介したい。「min-na　うれしい（幸福　well-being）」社会を実現し、持続させるためのシステムとして、地球環境への配慮や人口減少などの社会的課題解決、そして女性の活躍などの適切な統治構築などに熱心な企業を応援するためのＥＳＧ投資について、証券会社等が提供する「日経ＳＴＯＣＫリーグ」という株式取引シミュレーション（「日経ＳＴＯＣＫリーグ」ＨＰ（https://manabow.com/sl/）参照）を活用して探究を深める学習である。（資料3参照）

「1総括的評価課題」や「3探究テーマ」にある「変化」や「システム」とは、ＩＢの中等教育プログラムで重視されている概念学習のテーマである。生徒は教師が発する「4探究を深めるための問い」によって「足場架け」されながら「2⑴調査・研究」の評価規準の細目に従って、ＥＳＧ投資にかかわる「①研究課題を設定」し、研究調査のための「②行動計画を策定」、「③多様かつ関

【資料3】公民科「政治・経済」「A現代の日本における政治・経済の諸課題」の単元指導計画

(5年次選択履修　全20時間)

1 総括的評価課題

これまで学んだ知識や技能を活用し、ESG投資のテーマを設定して株式取引シミュレーションを行うとともに、ベーシック・インカム制度などの「変化」に対応し「min-na 」の幸福を持続可能にする「シムテム」について考察し、A4 30枚以内のレポートにまとめなさい。

2 IB評価基準

(1)「調査・研究」(学習指導要領の「技能」「思考」「判断」の観点に対応)

①明確かつ的の絞られた研究課題を設定し、その関連性を正当化する。

②研究課題を調査するための行動計画を策定し実践する。

③適切で多様かつ関連性のある情報を収集し記録するための研究方法を活用する。

④調査のプロセスと結果を評価する。

(2)「知識・理解」(学習指導要領の「知識」「表現」の観点に対応)

①文脈にあった広範囲の用語を使う。

②高度な記述や説明または事例を通して科目ごとの内容と概念についての知識と理解を示す。

3 研究テーマ

「min-na うれしい」社会を持続させるためには「変化」に対応する「システム」が欠かせない。

4 探求を深めるための問い

(1)事実に基づく問い　「経世済民」の「システム」はどのような変遷をたどってきたか。

(2)概念的な問い　「変化」に対応して「幸福」を持続させる「システム」とは。

(3)議論の余地のある問い　「わたし」の幸福と「min-na」の幸福の両立は可能か。

5 学習計画

(1)経済の基礎学習(4時間)

(2)課題設定と調査・探究計画の作成(2時間)

(3)ESG投資シミュレーション並びにベーシック・インカム制度にかかわる探求(7時間)

(4)調査・探究のまとめとレポート作成(4時間)

(5)レポート発表(2時間)

(6)ふりかえり(1時間)

連性のある情報を収集」しながら投資銘柄を選定し、その株価の「変化」の「④プロセスと結果を評価」しながら有効性を探っていく。同時に、「変化」に適応する「システム」としてベーシック・インカム制度についての探究も行い、その結果について「２（２）知識・理解」の評価規準にあるように、「①広範囲の様々な用語」を使って、その「②理解を示す」こととなる。そして、そのレポートは、教師の協働によって評価規準を準用して創られたルーブリックを用いて評価されることとなる。

この探究学習を通して生徒は、企業経営に関する金融の役割だけではなく、日本経済のグローバル化をはじめとする経済生活の変化や現代経済の仕組み、機能についての特質をとらえる。同時に、経済についての概念や理論についての理解を深めることができた。また、日頃から使いこなしているタブレット端末を活用し、社会や企業の動向を紹介する新聞や株式取引に関連する各種の統計資料などからの情報収集を行う。そのことによって現代の諸課題をとらえ、持続可能な社会づくりのシステムとしてのＥＳＧ投資やベーシック・インカム制度について多面的・多角的に考察することができた。こうしたことが、生徒のレポートの記述から評価することができた。

その他、同じテーマを共有する生徒が集まったグループで協働しながら探究に取り組むことによって、生徒相互によるより対話的な学習を促進させることができたということや、生徒の学び合いから得た教師の指導にかかわる余裕を有効に活用し、学習活動に困難さを感じている生徒等に対する個別指導を充実することができたと教師の指導を評価した。

📖 教育の公共性の復権のための「社会に開かれた教育課程」

「社会に開かれた教育課程」の実現は「生徒が学ぶことの意義を実感できる」とともに、教師が教えることの喜びを再確認できる改革でもあると考える。それを妨げてきた要因の一つは大学入試にもあるだろうが、最近では、現実社会の文脈を重視した「大学入試共通テスト」の実施を中心とした改革が進行中である。そして、新指導要領と並行して中高接続における高校入試の改革も進められている。各学校においては、幼稚園から大学卒業までの「Kto16＋α」の子どもたちのライフ・キャリアの視点に立ったカリキュラム・マネジメントが、学校教育目標を踏まえながら、教科等横断的な視点に立った各教科における探究学習を中心に、自分の在り方生き方と不可分な課題の探究を進める「総合的な探究の時間」や特別活動を総合しながら行われることを期待したい。

ＧＤＰに対する教育の公的支出割合が相変わらず低いことに示されるように、現代の日本国民は教育の費用は受益者が負担すべきであるという考えが強いと考えられる。加えて平成の30年間、少子高齢化の進展とともに子どもと関わる大人が減り続け「人生前半の社会保障」に対する市民の意識がこれまで以上に希薄となり、「教育の他人事化」も進んでいるのではないか。そのような状況で「教育の公共性」を取り戻そうとすることが、「社会に開かれた教育課程」の理念であると考える。

（松澤　剛）

5 理科――地域や他教科に開かれた「自然を見る目」の育成

「社会に開かれた教育課程」では、地域（社会）との目標の共有が重要である。市区町村が目指す地域創生を理解し、学校がその目標を踏まえて教育課程を編成し、教員がそれを受け止めて授業実践することで様々な協力が得られる。例えば北海道滝川市は「国際田園都市」を標榜しており、市からは「環境共生」をテーマとしたクロスカリキュラムに理解と支援がある。また、学校には「地域のリーダーの育成」を期待されている。地域の官公庁との連携は「地域資源の教材化」「外部講師発掘やネットワークづくり」「市民的感覚の醸成」に大変有効である。

「資質・能力の育成」に向けた取組

新指導要領の「どのように学ぶか」という視点から、「自然の事物・現象を、質的・量的な関係や時間的・空間的な関係などの科学的な視点でとらえ、比較したり、関係づけたりするなどの科学的に探究する方法を用いて考える」という、理科における「見方・考え方」に基づき指導案を検討している。「物理基礎」などの基礎科目では、基礎・基本となる知識・技能の習得に重点を置き、科学的探究活動の土台づくりとして、情報の収集、問題点の洗い出しとまとめ、課題を解決するための方策や提案、他者への発信などの体験を取り入れている。また、実験結果を図やグラフにしてまとめること、あるいは骨格標本やモデルの作成や観察結果をスケッチする過程でたくさんの気づきが生まれ、疑問が膨らみ知的好奇心に発展し、生徒はわくわくドキドキを実感する。社会科学や人文科学的な発想をもった生徒の意外な視点に驚かされることもある。また、大学や企業における科学技術に関する実習（企業共同課題解決学習として、ペーパーモデルロケットの打ち上げや「情報」とのクロスカリキュラムでプログラミングによるモーター制御実習）を体験することで、人間生活を支える科学の役割を実感できるよう配慮している。

「知識を活用する力」と「思考力・判断力・表現力」の育成において理科では、自然事象を観察し、必要な情報を抽出・整理する力、抽出・整理した情報について、それらの関係性（共通点や相違点など）や傾向を見いだす力などが重要となる。見いだした関係性や傾向から、課題を設定し、検証できる仮説を設定する上で大事なことは、生徒の好奇心や問題意識（疑問）にヒントを与え主体性を引き出すことである。ときに脱線するが、授業ではそんな生徒との対話的学びを意識している。また、グループによる意見交換・議論、調査（観察・実験）、ポスター作成とポスターセッション（研究発表）、さらには英語によるポスターセッションや相互評価にも取り組んでいる。意見交換ではその前提として個人で考えることが重要となるが、いきなり意見をつくることを求めても失敗する場合が多く、前段として中学校での既習事項や関連する先行研究や新聞記事を踏まえて生徒にキーワードや参考文献を示すことで質の高い意見交換につなげている。授業の導入では「本時のねらい」に加えて「本時で獲得が期待される資質・能力」を板書することで生徒の学びに向かう力の動機づけをしている。さらに、日々の授業の中で根拠を示して発表する習慣や、命題や仮説をつくる場面を意識的に設定している。そこでは、わからないことはわかないと言える雰囲気も大切となる。最終的には自然を見る目（科学哲学）の育成を目指している。

社会との連携及び協働

「社会に開かれた教育課程」の実現において、社会との連携及び協働は有効である。前述の英語によるポスターセッションでは、地域のＡＬＴ約10名の協力のもとで実施している。地域探究として、防災教育の視点（森と海と川の生活を基盤とする自然環境と災害の特徴を学び、防災時のリーダーシップの育成）も取り入れ、生物、地学、地理、歴史、保健とのクロスカリキュラムにより、市職員の指導のもと、石狩川の水生生物の採集やパックテストを実施している。科学に対する創造性・独創性、知的好奇心を高めるため大学からの助言指導をもらいながら課題研究にも取り組んでいる。外部連携授業のカリキュラム・マネジメントでは、年間指導計画における本時の位置づけやどんな資質・能力を身につけさせたいのかを外部講師に理解してもらうことが重要となる。

また、理科の実験・実習では、半日～1日がかりの授業や校外での実習も少なくない。年度当初の時間割作成の中で年間計画を示し、早めに他教科の理解と協力を求めておくことが必要である。

さらに、実験・実習にかかる諸費用については、県費負担、団体会計負担、個人負担など、どこから支出するかについて事前に検討しておく必要がある。

今後に向けては、市や大学との連携を深め、環境共生や地球環境保全に関する講演や実践発表、成果発表、研究者や大学院生とのパネルディスカッションの実施や、地域における持続可能な環境共生社会の在り方について、市民とともに考える機会などについても検討している。そして、「どのような能力が身についたか」を作品や思考を伴う行動という視点で、事前事後アンケートを実施し、生徒の変容の顕在化に努めている。形成的・総括的評価を縦軸に、ループリックやポートフォリオ等を横軸に構造化し、カリキュラムの効果検証を図っている。方法としては、生徒による自己評価、生徒同士による相互評価、外部講師による評価など多面的な評価を行っている。

こうした実践の成果として、データ不足や根拠の曖昧な結論づけなどを明確にすることができた。実験・実習や課題研究は科学的ものの見方・考え方の育成には不可欠である。また、クロスカリキュラムでは、多角的な視点で自然環境と共生の在り方を考えさせることができた。地域の自然環境を題材に、地域理解から地球規模の環境問題にまで、視野を広げられた。課題としては、問題解決能力の基盤となる科学的思考力を磨くための具体的な指導案の開発、生徒の変容を把握しながら学習活動を改善していくカリキュラムの開発が挙げられる。また、科学哲学や科学の役割について、時事問題を取り上げながら、議論を深めるグループワークを充実させたい。

（後藤　寿樹）

【参考】『北海道滝川高等学校ＳＳＨ報告書』

6 保健体育科――社会で活躍できる人材を育てる体育

新指導要領で目指される資質・能力の三つの柱、「学びに向かう力・人間性等」、「知識・技能」、「思考力・判断力・表現力」は、それぞれが独立しているわけではなく相互に関連している。それらを身につけさせるためには、身につけた知識や技能を活用して課題解決を図り、学びの深まりを重視する「アクティブ・ラーニング」の三つの視点（「主体的な学び・対話的な学び・深い学び」）による学習過程の質的改善が必要であり、各教科・科目におけるそのような授業の展開が、自らの考えを持ち、対話や議論を通じて多様な相手の考えを理解したり自分の考え方を広げたりし、多様な人々と協働していくことができる人材の育成につながる。

このように、学校と社会との接続を意識して、子どもたちに社会や職業で必要となる資質・能力を育むために必要な力を身につけさせるために授業改善を進める取組も、「社会に開かれた教育課程」の実践の一つとして捉えることができる。

「主体的・対話的で深い学び」の実現に向けたしかけ

主体的・対話的で深い学びを実現する授業を展開するためには、授業の中に、様々な「しかけ」

を意図的に取り入れて実践する必要がある。「なぜ?」「どうして?」など、興味関心を喚起して課題を自ら発見させて主体的な学びを促すための発問や、自らの考えを仲間に説明することにより、対話的な学びを促す場面の設定、他者の視点や意見を取り入れ、よりよい課題解決を図りながら学びを深めていくような展開などを指導計画に配置した。このような「しかけ」は、それぞれの学校の生徒の実態に応じて検討されるべきものであり、生徒の状況を的確に把握しているそれぞれの学校の教員が検討し、授業実践の結果を踏まえながら日常的に改善していくことが望ましい。

授業実践と評価

このようなしかけを盛り込み、意図的に主体的・対話的で深い学びの視点による指導を取り入れた指導プログラムを作成して全日制公立高等学校の第2学年の武道の授業において、実践した。主体的・対話的で深い学びの視点による指導は全23時間中3回、計7時間実施した。このような指導は毎時間行えばよいというものではなく、必要な知識や技能を身に付けさせる学習活動の後に設定する必要があり、今回は単元全体の授業時数を勘案してこのような形とした。

「関心・意欲・態度」「思考・判断」「運動の技能」「知識・理解」の四つの観点による観点別評価の結果は、100点満点で評価した単元の評価の平均が80点と、学習目標に対する達成状況がかなり高い結果となった。また、全23時間中6回、アンケートによる形成的評価を実施した。それぞれの質問に対して「とても当てはまる」場合を5、「全く当てはまらない」場合を1として、5段階評価により回答を得た。集計し、単元の始まりと終末を比較したところ、「自分から進んで学習できましたか」という主体性に関わる項目の平均値が向上するなど、全9項目中過半数の5項目で有意差が見られたことから、作成した指導プログラムは有効であったと考えられる。

【資料4】

1 基礎動作及び受け身の習得に向け、計画的に練習しながら、自分たちの課題を発表・解決	3~5時間目
2 抑え技の攻防に必要な技能を習得し、うまくできるようにするために、グループ内で役割分担して課題を発表・解決	9時間目
3 ICTを活用して投げ技をうまくかけるために必要な条件やタイミング等について分析し、課題を発表・解決	19~21時間目

「主体的・対話的で深い学び」の実現

体育の授業における主体的・対話的で深い学びの実現に向けた指導を行うためには、「主体的な学び」「対話的な学び」「深い学び」という三つの視点を意識したアプローチが求められるが、それ

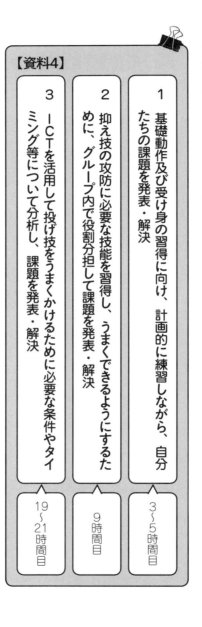

ぞれの視点はそれぞれ独立して存在しているわけではなく、密接に関わり合って、習得・活用・探究という学習過程を構成することとなる。よって、主体的・対話的で深い学びを実現するためには、1時間の指導だけで完結させることは困難であり、いつどのような知識や技能を習得させ、それをどんなタイミングで活用する場面を設定するかなどを、単元全体の指導プログラムの中で検討していく必要がある。今回の実践を通じて、こうした指導プログラムの作成に当たって必要な要素を独自の視点で八つに整理してみた。これらの要素を、実施する領域や種目の特性、生徒の実態等を考慮しながら単元の指導計画の中に位置付けていくことにより、主体的・対話的で深い学びの実現が期待できる。

ポイントは、授業を通じていかに社会に出たときに生きる力を育成できるかということである。今後、激しく変化する社会に出て行く生徒には、それぞれの置かれた場所で自ら主体的に考え、他者と意見交換し、合意形成を図りながら、様々な問題や課題を解決していく力が求められる。体育の授業においては、様々な運動課題に対し、「なぜうまくできないのか」を気づかせる発問や、「どうやったらうまくできるようになるのか」を考えさせる学習過程を意図的に盛り込むことにより、生徒が主体的に課題を発見して、仲間とともに協働して課題解決を図るような授業展開とすることにより、社会で活きる力を育成することができるのである。

ここでは体育の授業における主体的・対話的で深い学びの実現に焦点を当てた実践を紹介したが、

【資料5】主体的・対話的で深い実現に向けた指導を行うために必要な要素

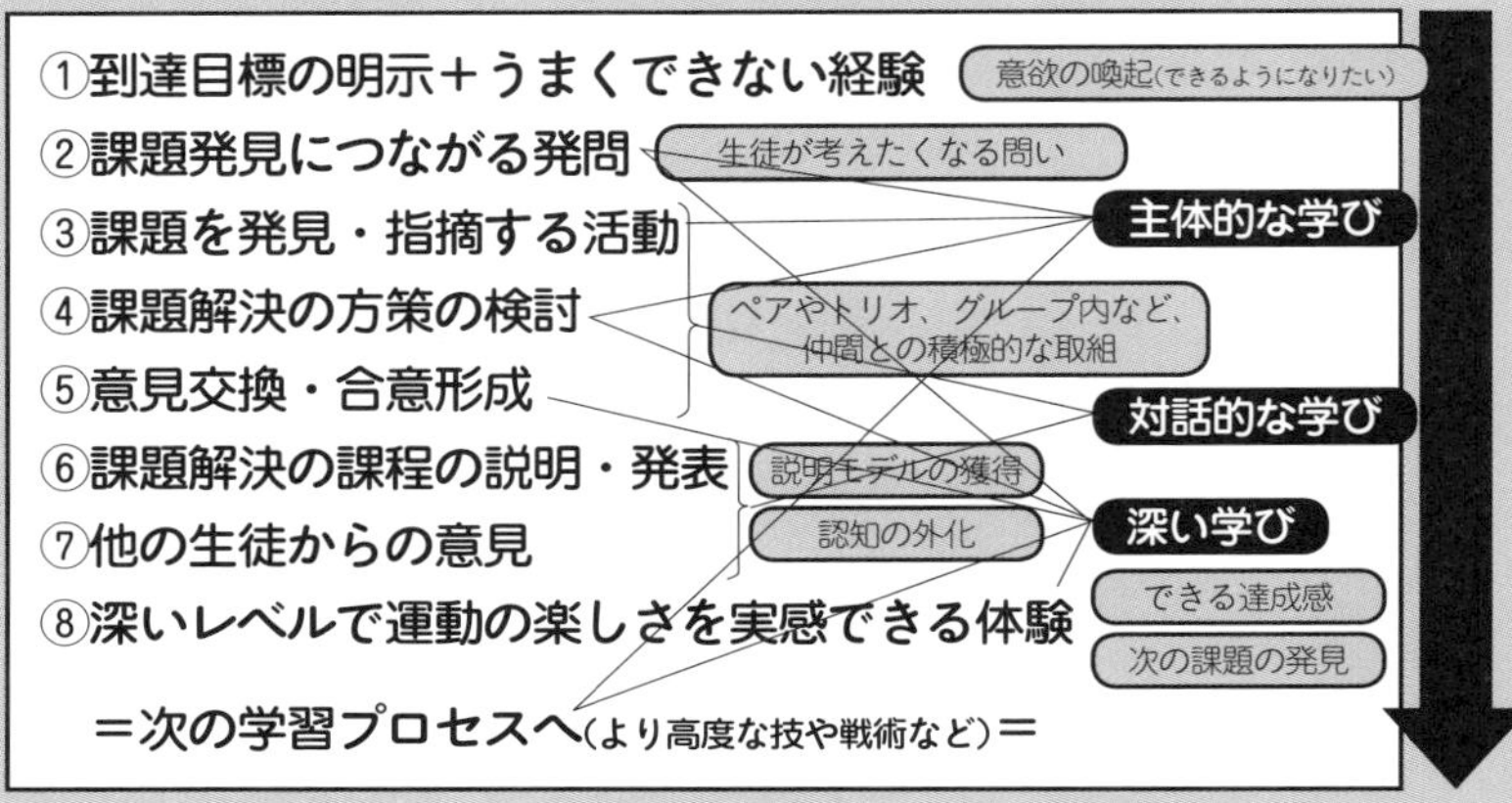

授業改善に向けては、他の手法についても検討するなどして、常に指導方法の工夫・改善に努めるとともに、資質・能力のバランスのとれた多面的な評価についても工夫する必要がある。

「社会に開かれた教育課程」の実現に向けては、こうした教科における取組と並行して、学校全体として、さらに他教科の授業や他の教育活動との関連を意識して、できるところから少しずつでもカリキュラム・マネジメントに取り組み、学校全体の教育課程の改善を進めていくことが必要であろう。

（森　靖明）

7 英語科

――地域を題材にした紙芝居の英訳と実演によるプロジェクト・タスク

北海道上富良野高等学校では、地域住民の協力のもと、町の史実に基づく紙芝居「十勝岳だいふんか」の英語版を作成し、郷土の歴史やすばらしさを、英語を用いて表現している。3学年の「英語会話」（3単位）で、町内で増加するインバウンド等に対し、英語を通じて郷土の歴史等を発信し、学びを深めていくプロジェクト型タスクである。

本タスク（本タスクの定義はRod Ellis（2003）による簡潔かつ明瞭な定義に準じる）では、TBLTを軸とする、Willis and Willis（2007）によるタスクデザインの枠組み［Priming - Target Tasks - Language Focus - Recycling］を参考とした。同枠組は、一連のつながりのあるタスク構成の中で学習者自身が主体となってコミュニケーションを図りながら、学習過程において段階的に成功体験を積み、学習者の自信を高めながら学びを深める構成や考え方等が含まれている。TBLTモデルは、新指導要領で示された「主体的・対話的で深い学び」を実現する上で親和性があり、第2言語習得理論の上からも有効なアプローチである。

実践過程

・Priming Tasks　作品の背景知識を深めプロジェクトへの興味・関心を高め、作品内容やキーワードとなる語彙等について理解を深める（1〜2時間）

①紙芝居の制作者による実演と作品の説明。②グループごとに絵と関連する三つの品詞（名詞、形容詞、動詞）をグループごとに出し合い（listing）、品詞ごとに分け（sorting）、どこの絵と結びつくのかを考え（matching）、他と比較しながら（comparing）全体で共有。③各グループ、クラス全体で絵について英語で描写。④「かるた」の要素を取り入れクラス全体で絵の描写をする。生徒は16枚の絵の中の1枚についての描写を発表し、他のグループは聞きながらどの絵か推測する。生徒が間違いを恐れず、自信を持って発表できることに重点を置く。⑤最後に教師がロールモデルとして描写をする。生徒は、教師の描写を聴きながら、語句（eruption, volcanic, explodeなど）の知識・理解を深めていく。授業内で出た単語はリスト化し、用語集として英訳作業の際に使用する。

・Target Tasks　生徒が英訳をし、地域や歴史に関する語彙や紙芝居の実演の際に必要となる表現などを学ぶ。英訳した作品を各グループが発表し評価する。（7〜8時間）

①各グループで1枚の絵を選び、グループで英訳をする。②英訳がある程度進んだところで発表

の準備をする。発表前に音読練習し、発表者が自信を持って発表できるよう促す。発表後の教師、ALTからのフィードバックはできるだけ肯定的にして生徒の次の意欲へとつなげる。上記①、②を繰り返し、クラス全体で紙芝居の英訳を作り上げていく。③英訳作業が終了した段階で、紙芝居音読のパフォーマンステストを行う。その際、生徒は相互評価する。発表の評価基準はあらかじめ明示し基準に沿う練習を各グループが行うよう促す。発表の際には、絵本の制作者らも招き、紙芝居を実演する際の留意点などについての助言や生徒による英語での紙芝居実演の感想をもらう。

・Language Focus　クラス内で共通する文法的な誤りや表現方法について学ぶ（1～2時間）

英訳や発表の際、クラス全体で共通する誤りに焦点を当て、教科書で使用される文法項目に重ね合わせて学習する。誤りの多かった部分をどう修正するかを生徒自らが考え、全体で共有する。

・Recycling　ボランティア生徒による英語版紙芝居の実録を用い、作品への理解や実際のコミュニケーションにおける表現方法について学ぶ（1～2時間）

①生徒からボランティアのグループを募り、町を訪れている外国人に対し、紙芝居を実演し感想などを聞く。対象者から事前に了解を得た上で、インタビューの様子を録画（録音）する。②その音源を基に各グループでDictationを行い、Transcript（書き起こし）を作成する。授業者は実際の会話における口語体の使われ方や表現法（つなぎ言葉や相づち等）について生徒自らの気づきを促す。③生徒がインタビューでうまく伝えられなかった部分等を取り上げ、どのような表現がふさわしかったかなどを各グループで考え、書き起こし文に適宜加筆し、振り返りながら学びを深めてい

く。但し、加筆・訂正の際にはボランティアをしたグループの心情に十分配慮し、代表となった生徒たちが自信につながるよう生徒間の共通理解を深め、学習を進めることに十分留意したい。

「主体的・対話的で深い学び」の視点から

アクティブ・ラーニングの三つの視点（主体的・対話的で深い学び）を取り入れたタスクの具体を示す。Primingにおいては、紙芝居の制作者らによる実演や作品の説明を通して地域の人々との対話の場面を設定した（Priming①参照）。また、グループワークを取り入れ、生徒間の主体的な対話や協働を促す場面を設けた（Priming②③参照）。さらに、教師が生徒と対話しながらロールモデルとして絵を描写し、暗示的に生徒自らの考えを広げ、深める工夫をした（Priming⑤参照）。Recyclingでは、Transcript（書き起こし）を作成する際に、単に語法や文法的な知識のみならず、言語が使用される社会的状況等を考慮した適切な表現や円滑なコミュニケーションについて学ぶといった複数の知識を相互に関連づけて理解が深まる仕組みにした（Recycling③）。

「社会に開かれた教育課程」の実現に向けて、生徒の学びの質をより一層高めるため、他教科との横断的な取組を積極的に検討している。本タスク活動が、たとえ英語の使用が限定的ではあっても生徒が間違いを恐れることなく主体的に取り組み、自らの郷土に誇りと愛着を持ち、自信を持って英語を用いて地域のすばらしさを他者に伝えられるきっかけとなることを願い取り組んでいる。

（千葉　哲也）

【参考文献】
・「十勝岳だいふんか」制作、絵 菅井茂樹「読み聞かせ会ムーミン」2018、石田製本株式会社。
・Ellis, Rod, Task-based Language Learning and Teaching., Oxford,2003,OUP.
・Willis, D. and Willis, J. Doing, Task-based Teaching.,Oxford,2007,OUP.

8 家庭科――地域の人たちとつくるフードデザインの授業

家庭科の授業では、生徒が自分の人生の生活経験から議論に参加でき、生活を問い合う。そのため、正解を求めない公共的空間が構成できる可能性があり、自分の問題から社会をとらえる能力と実践的な態度を育むことができる。そして、教室の中で学んだことを地域で実践するような場面を多く取り入れ、生徒が地域に出て、地域の人々と関わる中で、実際の現状や問題について学習することが市民性を育てる学びにつながっていくと考える。したがって、家庭科において「社会に開かれた教育課程」を実現するために、教師は地域に出て、多くの市民と関わることが大切であり、さらに授業を通して、地域と関わることの大切さを生徒に伝えていくことが肝要であると考える。

地域性を活かした「フードデザイン」の実践

北海道滝川西高等学校における「フードデザイン」の授業実践は、私塾「滝川おもしろ食育塾」の方の「滝川になくてはならない農業をもっと知ってもらうためには食を考え、知ることが大切である」、「生徒たちが自ら考え地域のために活動をする場所を作ってあげることが大切である」という言葉がきっかけとなっている。食生活を考える時には、地域のことを知っていなければならないということや、地域の方から学ぶことの重要さを改めて実感した。

本授業では、滝川市の地域性を活かした農業体験を通じて、自然の恵みに感謝する気持ちや実感を促し、食の自己管理能力を高める教育を目的として実施している。

〈実践過程〉

○5月29日（火）　種いも蒔き。

・地域の方（滝川おもしろ食育塾）の協力のもと、今年は枝豆、じゃがいも（男爵・メークイン・とうや・ピルカ）、さつまいも、落花生、かぼちゃを栽培することになった。農家の方から野菜の知識や植え方について指導、生徒は初めて知ることが多く感動した様子。

○6月19日（火）　滝川おもしろ食育塾の方の講義、看板作り。畑に生徒の書いた看板を設置。

○7月18日（水）、24日（火）、8月21日（火）　草取り。熱い中の作業に苦労を実感した様子。

○8月28日（火）　枝豆とかぼちゃの収穫。

・枝豆とかぼちゃの収穫。滝川おもしろ食育塾の方が来校。収穫の仕方について指導。収穫後、枝豆は調理室でゆでて味見をした。豆の味がしっかりとして大変おいしかったと生徒は試食の感想を話す。

○10月2日（火）　大収穫祭の献立づくり。作った農作物からどのような献立ができるか検討。

○10月9日（火）　大収穫祭の献立づくり・招待状作り。心を込めた招待状を作成。

○10月16日（火）　じゃがいも・さつまいも・落花生の収穫、畑の片づけ。
・じゃがいも・さつまいも・落花生の収穫。滝川おもしろ食育塾の方や地域の方々に応援していただき、無事に芋掘りと畑の片づけを実施。今年は例年より豊作で大感激の様子。
○11月13日（火）　大収穫祭
・滝川おもしろ食育塾5名の方々と、生徒が考えた献立で調理実習。献立は鮭と枝豆の炊き込みご飯、さつまいものお味噌汁、肉じゃが、さつまいもと豚肉の甘辛炒め、かぼちゃのグラタン、さつまいもの蒸しパン、ずんだ餅
・ご協力いただいた農場主夫婦、農作業を手伝ってくれた親子、校長先生を招待した。料理を囲んで生徒から、農家の方との農作業体験や料理を作ってみての感想を話してもらった。
○12月4日（火）　枝豆の薄皮むき
・月1回行われている「駅カフェ」に枝豆を提供するために、収穫した枝豆の薄皮むきを行った。加工した枝豆は1月13日（日）実施の「駅カフェ」にて「ずんだ白玉ぜんざい」として提供された。

地域から学んだ生徒たち

これまで8年間、生徒は地域の方々と農業体験を行ってきた。そして、本実践を通して、生徒たちは地域から様々なことを学んだ。また、農作業を通して地域に対する愛着がわき、生産者の方々に実際にお話をうかがうことで、当たり前にある食材でも手間ひまかけられているということを実感した。

そんな学びを重ねた生徒の感想には、「種まきから収獲までの農作業の流れを体験して、予想はしていたけど、予想以上につらく、大変な作業があった。農家の人達は、汗水たらして、おいしい作物を作っているんだなと農家さんの苦労がわかった気がする」という言葉があった。生徒が一連の作業を実際に体験したことで、実感のある学びが生まれたということを改めて認識することができた。

（福間　あゆみ）

9 家庭科／総合的な探究の時間

――地域に必要とされる生徒を地域とともに育てる

北海道砂川高等学校は、砂川市内に1校しかない高校である。しかし、大学進学を考えている地元の中学生は、近隣の進学校へと進む傾向がある。生徒の多くは、集団の中で自分の意見を言う場面を苦手とし、人見知り傾向の生徒が多い。また、考えたことを発言することや、学習した内容をさらに発展させるには、多くの時間と根気、教員の働きかけが必要不可欠である。そのため、本校生徒が今までできなかったことを高校生活の中で克服し、社会に出て行くために必要であるものを自分の力で見つけ出すためには、様々な経験を積む地域の大人と接し、コミュニケーション力や人間性、知識や技術を学ぶことが必要になる。それらの実現には、地域と学校との結び付きが不可欠であるが、新指導要領で強調される「社会に開かれた教育課程」の編成は、そうした課題克服の梃子となると捉えている。

こうした取組を通して育てたい生徒像を、「学習を元に、家庭だけでなく地域の生活課題を主体的に解決するため、将来地元を支える戦力となるための知識・技術、および社会人基礎力と実践的態度を身につけた生徒」と設定している。授業での地域と連携した主な取組は次の五点である。

・家庭科「子どもの発達と保育」における、市内保育園での乳幼児交流実習と制作物の寄贈

・家庭科「フードデザイン」における、行政や地域と連携した地産地消料理の開発。
・家庭科「家庭基礎」の学習を元に地元食材を使用したレシピ開発、コンテストへの応募。
・家庭科と公民科が連携し、教科横断的な学習を取り入れた消費者教育。
・「総合的な学習の時間」（総合的な探究の時間）における、街のスペシャリストを招聘した地域連携。

「連携」を意識した各科目での実践

・「子どもの発達と保育」
本科目では、将来地域の児童福祉を担う人材を育成すべく、「子どもを育てる」ことだけでなく、「子どもに関わる仕事の楽しさ」が理解できるよう工夫している。実習では折り紙の折り方指導やペープサートを行うことで、園児たちから「楽しかった」との声かけや、手作りの名札を指さして「アンパンマンのお兄さん」「くまちゃんのお姉さん」と話しかけられることで、生徒の多くは一気に子どもに興味を持ち始める。帰り際に「帰らないで」と園児に泣かれた生徒は、これがきっかけで短大の保育学科を志望した。
・「フードデザイン」
本科目では、市内学校栄養教諭を講師に迎えて献立作成方法を学習し、学びを元に地元産食材を使用した給食のメニュー化を目指した。生徒考案の献立を給食センターに持参したところ、給食のメニューに採用された。また今年度は、市内米農家から米粉を提供してもらい、カフェでの商品化に向け、発酵食料理研究家と米粉農家を講師として招聘し、米粉を使用したスイーツの開発と地元産食材を使用した無添加の手作り味噌造りに取り組む予定である。

・「家庭基礎」

必履修科目「家庭基礎」では、地域からの援助を受けながら街の良さを学んだ生徒が「街のために何かできないか」と持ちかけてきたこともあり、地元産食材を使用し、名物のポークチャップをアレンジした「ポークレープ」を地元のイベントで試食販売した。さらに、もっと役に立ちたいという思いを抱いた生徒有志が、学習した内容をさらに深化させて「高校生チャレンジグルメコンテスト」にエントリーした。食材の生産者である農家の方々には食材の生かし方を教わり、市役所や青年会議所、学校給食センターへの訪問から、改善策についてアドバイスをいただいた。

また生徒有志を募り、ご当地グルメの祭典「うまいっしょグランプリ」に、ポークチャップ協議会からのお誘いを受け、ともに参加した。そこで高校生は販売方法のみならず、知識や技術、社会人としての基礎・基本をより具体的に教わり、コンテストに生かす方法とともに社会人基礎力の一歩を身につけた。またコンテストへの出場に際し、期待を込めて各方面から辛口ながらも心のこった助言をもらった。街に対する思いを生徒が素直に受け取り、どうしたらよりよくなるかを考えて形にしたことで、コンテストの本戦への出場が実現した。生徒が思いを込めてプレゼンテーションを行ったことと、地元からの協力により多くの食材が無料提供されたこともあり、「商品企画賞」を受賞、札幌市内での商品化が実現した。砂川高校開校以来の受賞に街全体が盛り上がり、生徒の活躍を市長や市議会議員、お世話になった街の方々がSNSを通じて広めてくれたことは生徒のさらなる意欲の向上と達成感、確かな自信につながった。これら生徒の活躍については、空知総合振興局ホームページ「そらち・デ・ビュー」にも掲載された。

同大会には今年度も参加し、米粉とトマト、リンゴや甘酒といった地元産食材を使用した「SUNAGAWA大地のチーズケーキRISTA」が「ストアオペレーション賞」を受賞した。大会参加の際に試食等でお世話になった米粉カフェの社長から、是非商品化したいとの申し出があった。また市内に開店したカフェのオーナーから、チーズケーキを販売したいとの連絡があり、いずれも商品化が実現した。このことにより、生徒が地元を盛り上げようと頑張ってきた証が砂川市に広く残ることとなった。これらの地域連携活動が、情報誌「じゃらん」編集者の目にとまり、街の飲食店およびスイーツ特集号に生徒の活躍が掲載された。

・「消費者教育」

家庭科と公民科の教員が連携しながら、「かしこい消費者になるために」をテーマとし、「社会への扉」（消費者庁）を使用して、2年生全員に消費者教育を実施した。卒業までに伝えたい内容をそれぞれの教科の立場から意見を出し、プレゼンテーションソフトを使用しながら内容を1時間にまとめた。生徒にとって日常的に起こり得る可能性の高い事例と、他人事ではない題材を取り入れることで危機感を持たせたところ、熱心に学習内容をメモする生徒の姿が見られた。この学習を通じ、生活する上で必要最低限の知識を得るだけでなく、社会に出てから役に立つ能力が身についていることを期待している。

・「総合的な学習の時間」

本校では「総合的な学習の時間」の年間計画は、学年団に一任されている。1年生は興味・関心のある資格の上級位取得を目指すグループ学習を実施した。2年生では全員参加の就業体験をさらに有用なものとするため、事前・事後指導に力を入れ、学習成果をまとめた発表会を実施した。3年生は、卒業までに最低限度身につけさせたいことや、社会に出る前に社会人として足りない要素を検討した上で、生徒が積極的に地域と連携することが可能な探究学習を計画した。担当は正副担任とし、1グループの生徒数は14~16名程度の構成とした。生徒の希望を元に、地域との連携が可能となるテーマとグループを設定し、その実現のために必要なノウハウのある街のスペシャリストを招聘する。中間発表ではスペシャリストの方々にさらに良くする方策についてアドバイスをもらいながら、何が足りないか振り返りながら活動を進め、最終的にはグループ毎に成果発表会で報告をすることとしている。

また、地域連携を進める中で生徒の有志を募り、酪農学園大学と連携している市内の葡萄農家を課外活動として訪問し、昨年度から販売され始めた砂川産ワインの製造に農家と高校と行政と大学で関わる取組を始めた。高校生は現時点では葡萄の栽培に必要な作業や収穫に関わるのみだが、2

年後の成人式には関わったワインを会場に持参し、成人を祝うことを目的としている。

こうして、本校では「社会に開かれた教育課程」実現に向けて、様々な授業改善を行っている。改善を重ねる中で、今後の課題も見えてきた。一つ目は、保護者との情報共有や地域連携の中で「地域が高校生に求めているもの」「職場が求めている人材」をさらに明確にしていくことである。二つ目は、地域に生徒の良さと高校の教育活動を、さらにアピールすることである。連携を通じて生徒の良さを直に見てもらうことで、高校に抱く負のイメージを変えることも可能であること、そして生徒が街に誇りを持ち、より街が活性化するためにどうすれば良いかを、住民の一人として考える力の育成が可能であると考えている。

（山本　昌枝）

10 課題研究――社会で活躍する専門人材を育成する取組

北海道北見商業高等学校では専門科目の充実を図り、社会で活躍する専門人材を育成できる教育課程とすることにより、社会に開かれた教育課程を実現することができると考え、教育課程委員会を中心に準備を進めている。今年度は教科目標に「体験的な学習を多く取り入れる」よう努めると定め、主体的・対話的で深い学びの実現を目指している。

商業に関する課題の設定

課題研究では、商業に関する課題を設定し、その課題の解決を図る学習を通して、専門的な知識と技術の深化及び総合化を図るとともに、問題解決の能力や自発的、創造的な学習態度を育てている。専門学科であるため、3年次「課題研究」2単位を「総合的な学習の時間」の代替科目としている。2年次に「総合的な学習の時間」1単位を置き、インターンシップ3日間と事前事後指導、進路学習を行う。3年次の「課題研究」は2年次末に希望調査を行い、3学科（商業、流通経済、情報処理）の壁を取り払ってテーマの関連性から振り分けてグループを作り、1グループに1教員が指導助言に当たっている。本年度は13グループに分かれ商業科教員13名が担当している。

〈年間スケジュール〉

4月 ガイダンス、テーマ決定	全体ガイダンス、計画立案
4月下旬から11月まで 調査研究、作品試作	自らの課題設定と課題解決に向けての取組 担当教諭は適宜指導、助言を行う
6月、9月 報告	中間報告①、②グループ内で報告
12月 発表準備、発表会	グループ内で発表、代表選出、発表会準備
1月 まとめ	各自研究成果をまとめ、冊子作成

〈今年度の課題研究概要〉

資格取得	日商簿記、販売士、ITパスポート	3グループ
地域連携	北見市の活性化、フェアトレード	2グループ
調査研究	ディズニーリゾート収益と支出、東京オリンピック開催による経済効果、ファーストフード店の経営戦略、など	8グループ

資格取得に向けた取組を行いながら、習得した知識を活用して、学校祭の模擬店運営について研究した事例を紹介する。日商簿記2級グループでは、資格取得に向け各自で演習を進めるとともに会計や原価計算の活用法をより身近に感じてもらうため、直接原価計算を使い、模擬店運営について、販売する商品の原価率や損益分岐点を算出する等、実際の店舗を分析した。習得した知識を活かして取引を検証し、単純に「売上－諸経費＝利益」で分析するのではなく、換算して固定費、変

動費を分けて考え、売上における固定費率の割合が20％に収まっている時に利益が発生し、変動費率が低いほど利益率が上がることを発見した。また、固定費を20％に収めるためには、機材のレンタル料に最低1万円かかるとすると売上高が5万円以上必要になることから、一つ１００円で売るなら５００個、２００円なら２５０個、３００円なら１６７個以上の販売が必要になることが導き出された。この結論を次年度の学校祭での販売計画に役立ててほしいと発表したところ、聴衆から深い納得を得るなど、この取組を通じて、生徒にデータを読み取る力や分析力や比較力、人にわかりやすく伝える表現力といった社会人に必要な資質を身につけさせることができた。

「総合的な探究の時間」の先行実施

今年度、本校では目指す生徒像に、新たに「キャリア教育の推進により、適切な勤労観・職業観を身につけ、ビジネスの創造と発展に主体的かつ協働的に取り組む生徒」という項目を加えた。これにより、ビジネスの創造に向け、商業科目の学びを深め、主体的に探究活動に結びつくよう授業改善を進めるとともに、「総合的な探究の時間」に向けて、本年度の課題研究の内容を精査し、地域と連携した新たな取組を進めている。次はその一例である。

①北見人図鑑の作成。北見市を知り尽くしＰＲ活動を行っている地元で著名な方々にインタビューをして、北見市の特産品や観光地を紹介する冊子を作成する。（北見市役所や北見市商工会、Ｊ

Aきたみらいと連携予定）

②地域活性化を目的とした北見市のハッカや白花豆を活用した商品開発。開発商品のPRや特産物の消費拡大を目指す。

③コンシェルジュ教育。顧客のあらゆる要望、案内に対応する「マチの総合世話係」の育成。商品を販売するだけではなく、商品の材料や生産者まで説明できる人づくりを指す。

「総合的な探究の時間」の目的は、これまで学んだ知識・技能をフル活用して、掲げた課題に対し主体的に各自で学びを深め、解決する手立てを学ぶことである。その学びに生徒一人一人が取り組むためには、商業高校において、どのような専門人材を育成したいのか、そのために身に付けさせたい資質・能力は何なのか、今後はより地域社会の意見に耳を傾けながら、地域社会と協働して考えるようにシフトさせる必要がある。

そして、教職員間で課題を共有し、地域と連携しながら教育目標を達成するため暫時教育課程の改善に努めていくことが、学校教育の質の向上と「社会に開かれた教育課程」を創ることにつながる。今後もますます、本校が地域社会にとって必要な人材を育成・輩出していくために、市役所や商工会議所、地場企業とのつながりを一層深めていく努力を続ける。

（奥山　逸子）

11 総合的な探究の時間――地域の伝統文化教育に関する取組

北海道白老《しらおい》東高等学校では、２０１８年に第3学年の学校設定科目「地域学」を開設した。地域の講師や関係機関等と連携しながら、伝統文化に関する学習における指導上の留意点及び学習評価の方法等について検討することにより、白老町という「地域社会」に開かれた教育課程の実現を目標とし、生徒の興味・関心を高め、地域の人材育成を目指している。

この「地域学」の取組は、２０１７年度から18年度まで国立教育政策研究所教育課程研究指定校事業（以下、国研指定校事業）の指定を受け、研究課題として「伝統文化教育」に取り組んできた一環である。本取組は、まだ学校設定科目においてのものであるが、いずれは教科横断的な内容に発展させ、「総合的な探究の時間」につなげられる可能性がある。

アイヌ民族の伝統文化が息づく町で

白老町は穏やかな海洋性気候で冬期の積雪も少なく、温暖で過ごしやすい気候が魅力である。アイヌ民族の伝統文化の保存・伝承活動を国内外に発信しているため、全国的にも注目を集めている町である。そして、２０２０年には、国立アイヌ民族博物館や国立民族共生公園などの「ウポポイ

（民族共生象徴空間）」が誕生することになっており、現在、着々と建設や準備が進められている。象徴空間誕生後、そこを訪れる観光客は、アイヌの人々の自然観に触れるために、伝統的な生活を体験したり、文化の理解や交流をしたりすることができる。そのような中で本校は、これまで「総合的な学習の時間」で実施してきた「アイヌ文化体験学習」や「仙台藩白老元陣屋資料館見学」「インターンシップ」を通じ、アイヌ文化や地域の産業を知る活動を行い、その歴史等について理解するという点ではある程度の成果が見られてきた。しかし、郷土への愛着や伝統文化への畏敬の念を育むという点では課題があった。

この課題解決のため、研究主題を検討した結果、それまでのものに続く学校設定科目を設け、伝統文化に関する指導を体系化することとし、その流れから次の主題が設定された。「地域の伝統文化や白老町の歴史など地域の実態に即した教育課程編成及び指導方法等の工夫改善に資する実践研究～伝統文化に関する指導の体系化（第3学年学校設定科目「地域学」の設置）～」である。

本研究の1年目である2017年度は、第3学年学校設定科目「地域学」の年間指導計画を、地域の講師や関係機関と定期的に打合せを重ねながら作成した。この間、第1学年のアイヌ文化体験学習、仙台藩白老元陣屋資料館見学、白老町長による講演、第2学年のインターンシップ、本校担当者の道内先進校への視察など、「地域学」充実のための研究を行った。2年目の2018年度は、1年目に作成した「地域学」の指導計画に基づき授業実践を行い、学習で身につけたことを生徒が発表したり、ルーブリック評価を用いて自己評価及び相互評価を実施したりした。

「地域学」は次の二つを、学ぶ内容の柱としている。

○白老の自然・伝統・文化・産業に着目しその実態と課題等を学ぶ。（白老町役場が主催する出前講座の実施）　・白老町の防災対策　・白老町の観光の現状　・白老牛の現状

○アイヌ民族の自然観・歴史・文化と、その課題等について学ぶ。（アイヌ民族文化財団、仙台藩元陣屋資料館、白老町アイヌ総合政策課に協力を要請し、外部講師として学芸員の派遣を依頼。）

・アイヌ語演習　・アイヌ文化講話　・「アイヌ語地名」というテーマでフィールドワーク（虎杖浜・アヨロ海岸にあるアフンルパロという洞窟を見学）　・木でペーパーナイフを作り、柄の部分にアイヌ文様を彫る実習　・イオマンテリムセ（アイヌの伝統的な踊り、白老町立萩野小学校において児童たちと合同で実施）　・山のイオル（芋掘りなど）、川のイオル（魚獲り、調理など）に参加（白老町アイヌ総合政策課が主催する事業。萩野小学校の児童たちと一緒に作業）

これらについては、前期末と学年末に、学習のまとめを発表させる形式で研究授業を実施した。

本事業は既に終了しているが、事業の成果を維持し続けるために、２０１８年度～２０２０年度まで北海道教育委員会の「北海道ふるさと・みらい創世推進事業～高等学校ＯＰＥＮプロジェクト」の指定を受け、今後も白老町の伝統文化とアイヌ民族の文化学習の充実を図ることとしている。

学校設定科目から「総合的な探究の時間」へ

学校設定科目「地域学」を「総合的な探究の時間」へと発展させるためには、いくつかの大きな課題がある。現在「地域学」を担当しているのは、地歴公民科の教員である。これを教科横断的な学習として実施するには、たとえば、アイヌ伝統の調理であれば家庭科、楽器演奏であれば音楽、フィールドワークであれば理科、レポートのまとめであれば国語など、内容に応じて他教科の教員もかかわることが考えられ、そのためには大きく教育課程を見直す必要がある。次に、関係機関との連携という課題である。「総合的な探究の時間」は全生徒対象になることから、外部講師や施設見学、交通手段の手配等々、授業の計画や準備が大変になる。

こうした課題はあるものの、地域の伝統文化教育に関する取組により、次のことが期待できる。

○ 白老町の自然や歴史、文化・産業等に関する学習を通じて、郷土を理解し、ふるさとに誇りを持つとともに、地域に貢献する態度を育む。

○ 北海道の先住民族であるアイヌ民族の生活について、資料の鑑賞や体験学習を通して自然観や伝統文化を理解するとともに、白老町におけるアイヌ民族の歴史を学ぶことによって、「民族共生」の在り方について自ら考え、異文化を尊重する態度を養う。

○ 地域の外部人材や関係機関等と連携することによって、協働して課題の解決を図る態度を養う。

こうした学習は、生徒たちが将来地元に就職し、地域の伝統文化を支援する活動に貢献することにより、今後、白老町のますますの発展につながると考えている。

（城戸　和彦）

12

特別活動――「社会に開かれた教育課程」を実現するための生徒会活動

社会に開かれた教育課程の実現に向けて、「主権者を育成する」という視点から生徒会活動を見直した。まず、生徒会活動の活性化を進めるために、生徒総会で意見が出せる環境づくりを行った。次に、生徒総会で「携帯電話の利用について」をテーマにし、生徒総意の実現化に取り組んだ。きまりを守らせる（守る）ことも高校では重要な教育の一つであるが、生徒が考えて決めたことを生徒自身で守っていくという自律精神の涵養も必要である。生徒の自律性を育むために、生徒会執行部を中心として、携帯電話使用ルールについて全校生徒にコンセンサスを得て、取り組ませた。

生徒総会を通じた生徒会活動の充実

生徒会活動は主権者を育てる上で大切な活動である。中でも生徒会活動を活性化する取組として、生徒総会の活性化が一つの方策である。例年、生徒総会は、質問や意見も出ず、早々に終了している。総会で何も意見が出ないのは自治活動参加の放棄であり、政治参加への意識が低くなっている証拠である。

そこで、生徒総会の形態を議会のように変更し、生徒の関心を高めさせ、ＨＲでの議案審議の際に学校行事に対する質問や意見を出してもらうように工夫をした。生徒間で対話をし、他者を理解し、共創による、生徒の生徒による生徒のための生徒会活動を目指した。それぞれに立場が違う、異なる意見を発表させた上で、それらの調整をつけて合意を得るという考え方は、これからの社会でも必要なスキルである。

こうした考えで総会の開催形式を変えたところ、活発な意見が出て有意義な会となった。今後はこれを継続していくことが重要だと考えている。

【資料6】生徒総会の並び方

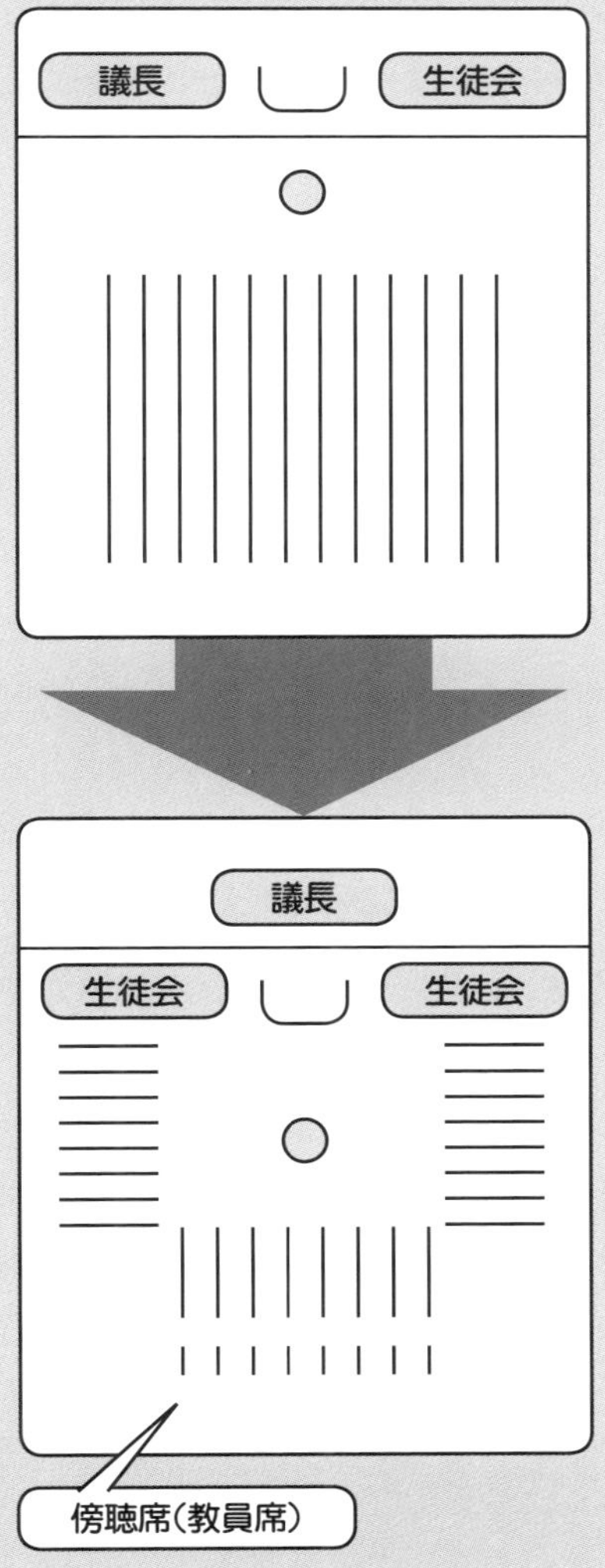

携帯電話利用拡大についてのルールづくりの流れ

3月の段階で生徒会顧問から生徒会執行部に、「現在の本校の携帯電話の使用規定について、どう思うか」「携帯電話の利用拡大の範囲について考えてほしい」という2点を伝えた。そして、4月年度当初になると、生徒指導部会にも「生徒会から携帯電話の利用拡大について、生徒総会で意見が出る可能性がある」と提案した。その上で、HR長会議では、例年の生徒総会の議案審議とあわせて携帯電話の利用拡大についても、各クラスで検討してもらうよう生徒会執行部から説明があった。一方、4月の定例職員会議では、生徒会顧問から携帯電話利用拡大の流れ、及びどこまでの範囲で携帯電話の利用を認めるかの方向性について事前に提案された。

○具体的に認める点として生徒会から出された要求内容
・使用時間帯…昼休みと放課後のみ（現状）↓昼休み放課後、10分休みの時間
・内容…通信機能のみ（現行）↓通信機能・調べものをする（写真撮影は行事のときのみ認める）
・使用場所…取り決めなし（現行）↓教室・特別教室・生徒ホール
・その他…期間を令和2年3月31日までとする。（年度ごとに元に戻す）

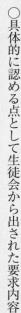

○実際の状況について

学校行事でのスマートフォンでの写真撮影は、安易にSNSにアップする危険が高いので許可は難しい。

翌年の31日まででは長すぎるので、学校祭の準備期間に限り、10分休み、放課後、携帯電話は友達同士の通話、インターネットによる調べ学習での使用、学校祭で発表するダンスの音楽は流してよいとした。さらに生徒指導部内でも、「全生徒の総意がないと守れないのではないか。一度、LHRの時間を使い、各クラスで議論したほうがよい」ということで代表者会を開催し、各HRで全員が利用マナーを守れる方法について議論してもらった。その後、6月上旬の職員会議を経て、生徒の手によって携帯電話の利用マナーについての一部改正が決定した。

生徒会執行部では生徒会通信を利用して携帯電話の利用マナーについての啓発活動を行い、他者に迷惑をかけない利用方法を情報共有した。

実施に当たっての留意点

生徒がよりよい社会をつくるために、携帯電話の校内での利用範囲について考えながら、全生徒で吟味したルールを学校側へ提案してもらった。つまり、学校側との調整の中で提案が決まるというプロセスを実体験させた。また、提案に期限をつけないと、提案当初の想いが薄れてしまうため、年度で区切り、その都度、携帯電話の使用の仕方について生徒が各自で検証し、再提案することが重要である。そうして継続的に提案とそれについての議論を続けることが、次に入学してくる生徒の主権者意識育成につながる。さらに、生徒が決めたきまりを守ることについて、教員側からことさらに「守れなかったらどうするんだ」と迫らないことが大切である。あくまで生徒の主体性を第一に考えることである。

生徒会活動の活性化にあたっては、生徒間あるいは教員と生徒間の意見のぶつかり合いが重要になってくる。それがまずあって、それぞれの立場から見た最善の判断の中で多数の意見を調整する。そして、さらによい社会をつくるための橋渡し役となることが、これからの主権者に必要な資質である。今後は生徒総会に地域の方や保護者を傍聴者として招き、こうした生徒の活動を知ってもらうことも、社会に開かれた教育課程の実現につながると考えている。

（下川　欣哉）

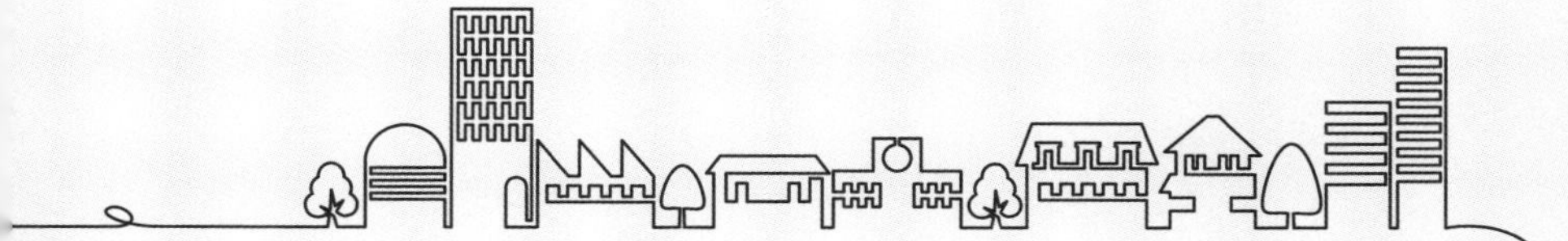

第４章

「社会に開かれた教育課程」の展望
～２０３５年の学校と社会～

本章では、今後、予想される社会の変化と、それに応じた高校教育改革を念頭に置き、２０３５年の「社会に開かれた教育課程」について考察する。

まずは、２０１９年の各種答申などの提言を踏まえ、今後の高校の教育課程を取り上げる。続いて、全国の縮図とも言える北海道の少子高齢・人口減少などをもとに、地域創生と教育インフラの維持との関りを考察する。さらに最後には、具体的な近未来の高校の姿を大胆に展望してみたい。

1

2035年の学校に向けて～2019年からの考察～
「社会に開かれた教育課程」と近未来の教室

教育界と産業界の目指す視点

激動の時代と言われる現在、未来の社会も現在の延長線上にはなく、予測不能な社会だと言われる。生徒たちがこのような社会を生き抜くためには、「創造的な課題発見・解決力」の獲得が必要となる。そうした時代にあって、学校教育についても、2035年の社会を見据えた、新しい時代にふさわしい変革が求められている。

こうした背景から、政府も「第5期科学技術基本計画」（2016年）で、次の社会発展の段階を「超スマート社会・Society5.0」と表現した。そして、次世代に求められる人材育成については、新たな学習指導要領と経済産業省「未来の教室」とEdTech研究会　第1次提言」（2018年）および「第2次提言」（2019年）（以下、研究会を「「未来の教室」研究会」、提言を「第1次提言」「第2次提言」、両提言をまとめる際は「提言」と略記する）が大きなカギとなる。以下、文部科学省・経済産業省、それぞれのプランから、これからの学校教育の方向性を考えてみたい。

新学習指導要領「社会に開かれた教育課程」について

まずは、新指導要領の「社会に開かれた教育課程」に関わるキーワードを4点（傍線部分）にまとめ、それに対応する内容を「未来の教室」研究会「提言」から読み取ってみる。

（ア）「学校教育の改善、充実」について

長らく日本の教育の重要論点であった、「教科（系統）主義と経験主義の壁」「画一型・一斉型の教育方式」「民間教育と公教育の壁」「教育と社会の壁」について「未来の教室」研究会「提言」では、新しい時代に必要な教師の専門性のための研修や教員養成の必要性、外部人材との協働にかかわって提言されている。このように教育上の論点を考えるためには、公教育と民間教育、産業界や先端研究等の垣根を越え、互いのインフラやサービスを活用し、地域社会を支える人材を育成する教育のマネジメントや再構築の視点が大切である。そして、そうした視点から「社会に開かれた教育課程」に取り組むことが必要である。

（イ）「これからの時代に求められる教育」について

「未来の教室」研究会「第1次提言」では、「学校や塾に費やす時間の総計」における「学習者が得る能力の価値」の割合（＝「学びの生産性」）が今の教育では低いため、EdTech（「Education」（教育）と「Technology」（技術）を組み合わせた造語）や外部協力者の活用を促

進すれば生産性も上がり、課題の解消ができると述べている。「第2次提言」では、インプットする知識の獲得はEdTechで行い、履修主義、学年制、標準授業時数等の制限を緩和して到達主義を実現し、そこで創り出された余裕の時間を探求型・プロジェクト型学習（ＰＢＬ）に活用することを提言している。

（ウ）「新しい時代に求められる資質・能力」について

社会や産業が大きく変化する中で、求められる資質や能力も変化してきている。この点、「第2次提言」では、「文理を問わない知識の習得」「教科横断型の探究・プロジェクト型学習」等が提言されている。そして、この学習のためには、幼児期から学齢期にかけて基礎的ライフスキルや探究に必要な思考法を身に付けさせ、ＳＴＥＡＭ（「science」（科学）「technology」（技術）「engineering」（工学）「arts」（芸術）「mathematics」（数学））的学習を推進し、教科横断型で様々な分野の教養を持って、多様な思想や人種、障がいの有無などをインクルージョン（包括）できる人間性を重視した社会の育成を目指すことが指摘される。

（エ）「よりよい社会」「社会との連携を及び協働」について

「第1次提言」では、基礎基本の教科学習は、個別最適化した教材で午前中に家庭や学校の教室で済ませ、午後には自らの課題探究のためにリビング・ラボ（Class Lab＝教室）で中学生・大学生・大学院生、企業の研究職の社会人と協働し、「社会」に通用する力を身に付けることを提唱している。「第2次提言」では、現在の貧弱な学校のＩＣＴ環境を改善し、一人一台ＰＣ、５Ｇ（フアイブジー＝次世代となる移動通信システム）やＬＴＥ（「Long Term Evolution」の略、４Ｇの高速通信規格のひとつ）にも対応できる高速大容量通信やクラウド接続、ＢＹＯＤ（「Bring your own device」の略＝家庭用情報端末を学校に持ち込んで利用すること）や、寄付の利用等の調達構造改革にまで言及しており、学校教育関係者たちの意識改革が大いに期待されている。

2035年「未来の教室」を考える

文科省の「社会に開かれた学校」と経産省の「未来の教室」の提言を実際に推進するには、地域行政や財政に関係する事項の法令上の定義や解釈の整理が必要となり、行政機関自体にも分野の壁を越えることが求められている。

そしてこのことは、地方教育行政を考える上でも同様である。教育委員会とそれぞれの部局を超えて、新たな時代の新たな教育をどう考えていくか。非常に重要な課題である。ここでは、私たちのフィールドである北海道を例に考えてみよう。北海道版２０３５年「未来の教室」はどう考えられるのだろうか。

①基礎・基本の学力を重視、２０３５年へ向けて「読解力」の維持・育成

北海道教育の将来にとって、生徒の「読解力の向上」は引き続き重要である。これは「基礎・基本」となる社会科や理科・数学の知識の定着につながり、ＡＩ時代でも社会人に必要な力である。

②北海道独自の課題に対応する経済・財政的な支援

少子高齢化に伴う人口減による高校の統廃合に関して、遠距離通学者への支援も含めて家庭や地域が一体となって育てていくことが重要である。生徒や学校が減少することを逆にとって、一人一人に手厚く、例えば1人1台のＰＣの配置、大容量高速通信設備等、学校ＩＣＴ環境の充実が期待される。

③小規模校の個性的な教育課程の実現

２０３５年には北海道の公立高校では1学年2学級以下の小規模校がさらに増加する。そこで、地域の実情に応じた専門科目（観光・農業（畜産）・ビジネス等）を開設し、地域で育った高校生が地元の自然や産業・歴史と文化を学ぶことを可能とするため、地域を支えるキャリア教育を教科横断型・探究・プロジェクト型学習（ＰＢＬ）として広く取り入れていくことが必要である。

④北海道（地域）の産業を担う人材の育成

将来の地域の産業を担う人材として、専門性の高い知識や技術の習得のため、地域の産業界や地域で活躍する専門家等と連携しインターンシップの実施及び期間の延長、企業での実習の充実と拡充を図りたい。さらに科学技術の進歩に対応するため、大学・試験研究機関等との連携で、民間企業や地域社会、国際社会と融合した探究テーマ「ＥＳＤ、ＳＤＧｓへの取組」「高齢社会、障がい者への対応」など、生活や実社会の課題に向けての教科横断型のＳＴＥＡＭ的な探究の成果を期待する。

⑤楽しい、ワクワクする授業を工夫し、学校の仕組みを作り直す

生徒の学びに主体性を喚起するためにも、旧態依然とした学校の雰囲気とは決別し、２０３５年の教室は今よりも楽しい、ワクワクした空間にしていかなければならない。そのためには、さらに進化するであろうＩＣＴやEdTechを活用し、ワクワクする授業を創り、未知の課題解決に取り組む姿勢を育みたい。そのためにも、「社会に開かれた教育課程」の創造が不可欠である。

さらに、一斉・一律の授業や出席時数を要件とする履修の考え方を見直して、どこで授業を受けても基準となる基礎基本に到達することを重視する「到達主義」の採用を検討する。これらの改革により、「不登校」「進級・卒業認定」にかかわる問題が解決され、現代の子どもたちが抱える多くの教育的課題が解消されることを期待したい。

これは、あくまで北海道という一地域を題材にした妄想に過ぎないかもしれない。しかし、地域の未来を考えた場合、実現するかどうかはおいといたとしても、これぐらいドラスティックな改革を構想しなければ、地域の未来はないだろうと考えている。

（岡積　義雄）

2 「2035年の学校と社会」
～人口減少、超少子高齢社会で求められる教育～

ここでは、今日予想される2035年の学校を取り巻く社会状況について、人口動態に視点を当てて考えてみたい。それは、未来の教育を創る上で欠かせないからである。筆者らは、『高校教育の未来』（学事出版、2012年）の中で、国立社会保障・人口問題研究所が2011年に発表した日本の将来人口推計を紹介した。本稿では、同研究所が2017年及び2018年に公表した推計値をもとに考察する。

これによれば、日本の総人口は2008年の1億2千8百万人余りをピークに減少に転じ、2020年には1億2千532万人に、2035年には1億1千521万人になり、2095年には6300万人余とピーク時に比べ半減すると予測されている。高齢化も進み、2010年には23％であった65歳以上人口は、2020年には29％へ、2035年には32・8％に達するとしている。一方、出生数では2016年に97・7万人となって、統計開始以来はじめて百万人を割ったが、2035年には72・8万人にまで減少すると予測（図1）している。

【図1】日本の将来推計人口と高齢化率

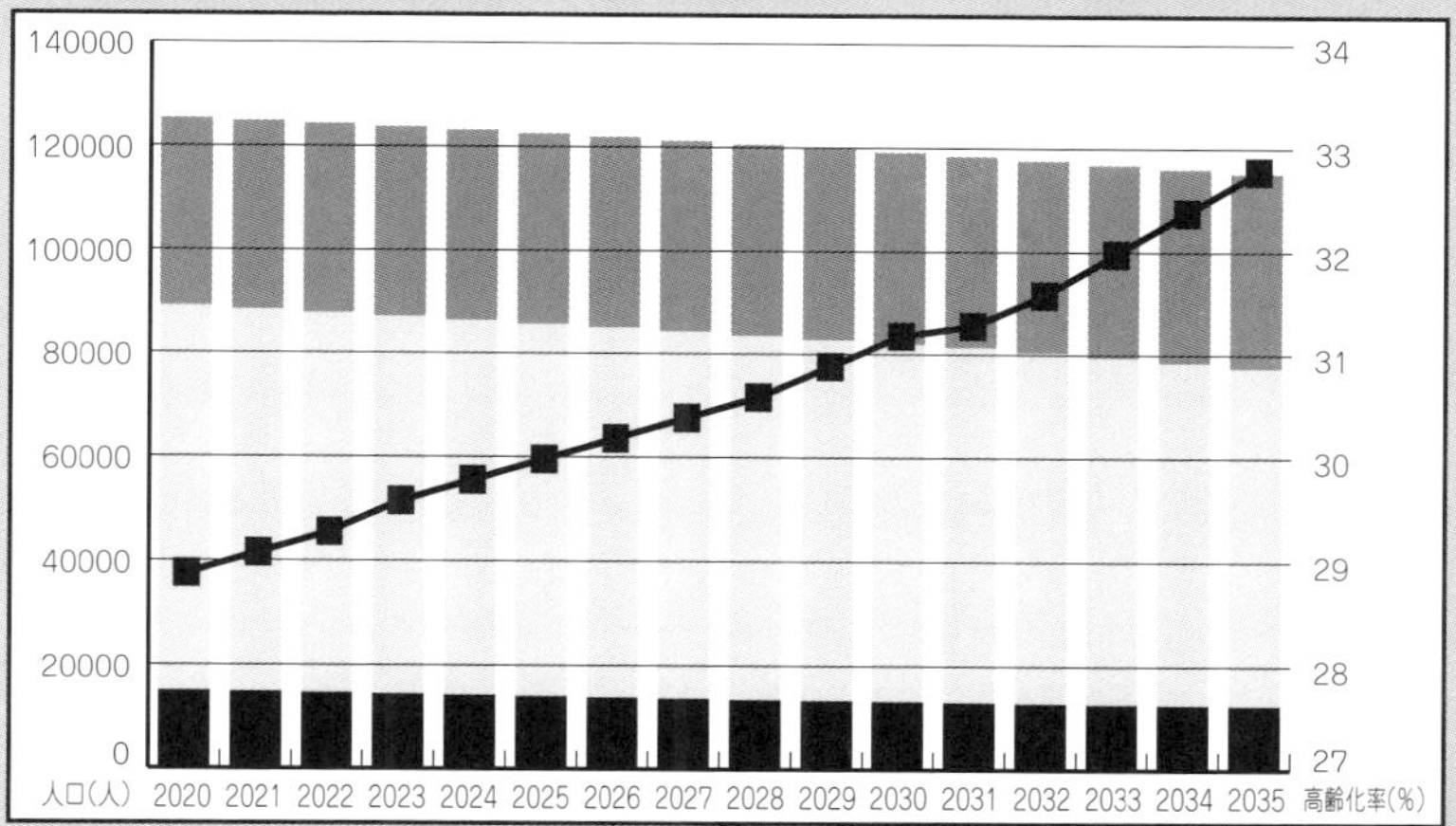

出典：国立社会保障・人口問題研究所「日本の将来推計人口」（平成29年推計報告書）2017年。

一方、地域レベルではどうか。例として、私たちの北海道の人口は、１９９５年の約５７０万人をピークに２０１５年には約５３６万人に減少。さらに、２０２５年には約５００万人、２０３５年には約４５０万人を下回り、急減していくと予測されている。高齢化は、２０２０年の65歳人口32・5％が、２０３５年には38％に、２０４５年には42・8％にと、全国平均を大きく上回るペースで進み、超少子高齢化が急激に進むと予測（図２）される。ちなみに道庁所在地である札幌市の人口は、２０１９年には１９０万人を超え、東京・横浜・大阪・名古屋に次ぐ全国５番目の大都市であるが、札幌に次ぐ旭川・函館などは30万規模の都市であり、札幌市の人口が突出している。

さらに、道内各市町村の人口推移では、札幌圏への集中とそれ以外の地方の市町村の小規模化が課題となってきていた。しかし、一極集中の感のある札幌市の人口も2015年の約195万人から2025年には約198万人へと増加するものの、その後は減少に転じて、2045年には約180万人になると予測（図3）されている。札幌市の年少人口も1990年の30万人余りから、2020年には21万5千人に、2035年には約18万人へと減少し、2035年の札幌市の年少人口比率は、9・5％と低比率になると予測されている。2035年には大都市札幌においても、超少子高齢社会になると予測されるのである。

例として私たちの北海道の状況を見てきた。しかし、この北海道の急激な人口減少、少子高齢化は全国の縮図とも言える。たとえば、この10年余りの公立学校の廃校数（図4）では、北海道の統廃合は全国第1位（760校）であるが、第2位には首都東京が入るなど、廃校は全国各地で起こっている。人々が地域に住み続けるためには、インフラの整備が不可欠である。上下水道や電気、役所や商店などはもとより、筆者は特に「教育インフラ」「医療インフラ」「交通インフラ」の整備が重要であると考えている。しかし、これらのインフラは、人口減少、少子高齢、経済の縮小均衡と財政の逼迫、経済や文化等の個人や地域間での格差の拡大などが相まって、その維持が困難な状況を呈しており、持続可能な地域社会に警鐘を鳴らし続けている。

北海道の若者は「教育インフラ」を求め札幌圏に集まる。札幌圏の高等教育機関には約8割の学生が集中すると推測されるが、卒業後は多くが札幌圏に留まるか、東京などの大都市圏へと巣立っ

【図2】北海道の将来人口推計（年齢別）

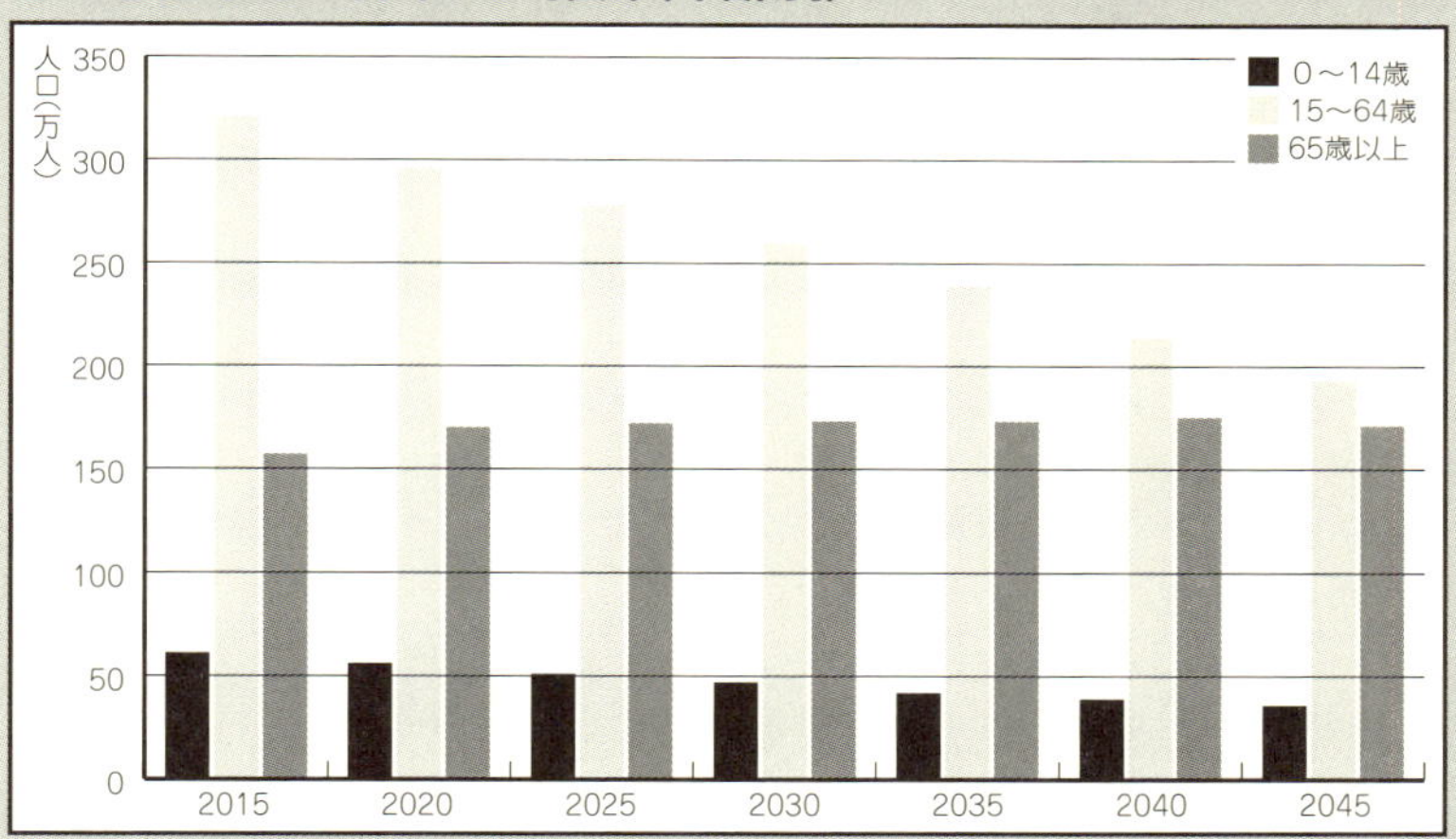

出典：国立社会保障・人口問題研究所「日本の地域別将来推計人口」（2018年推計報告書）。図３も同様。

【図3】道内10都市人口推移（2015 〜 2045年）

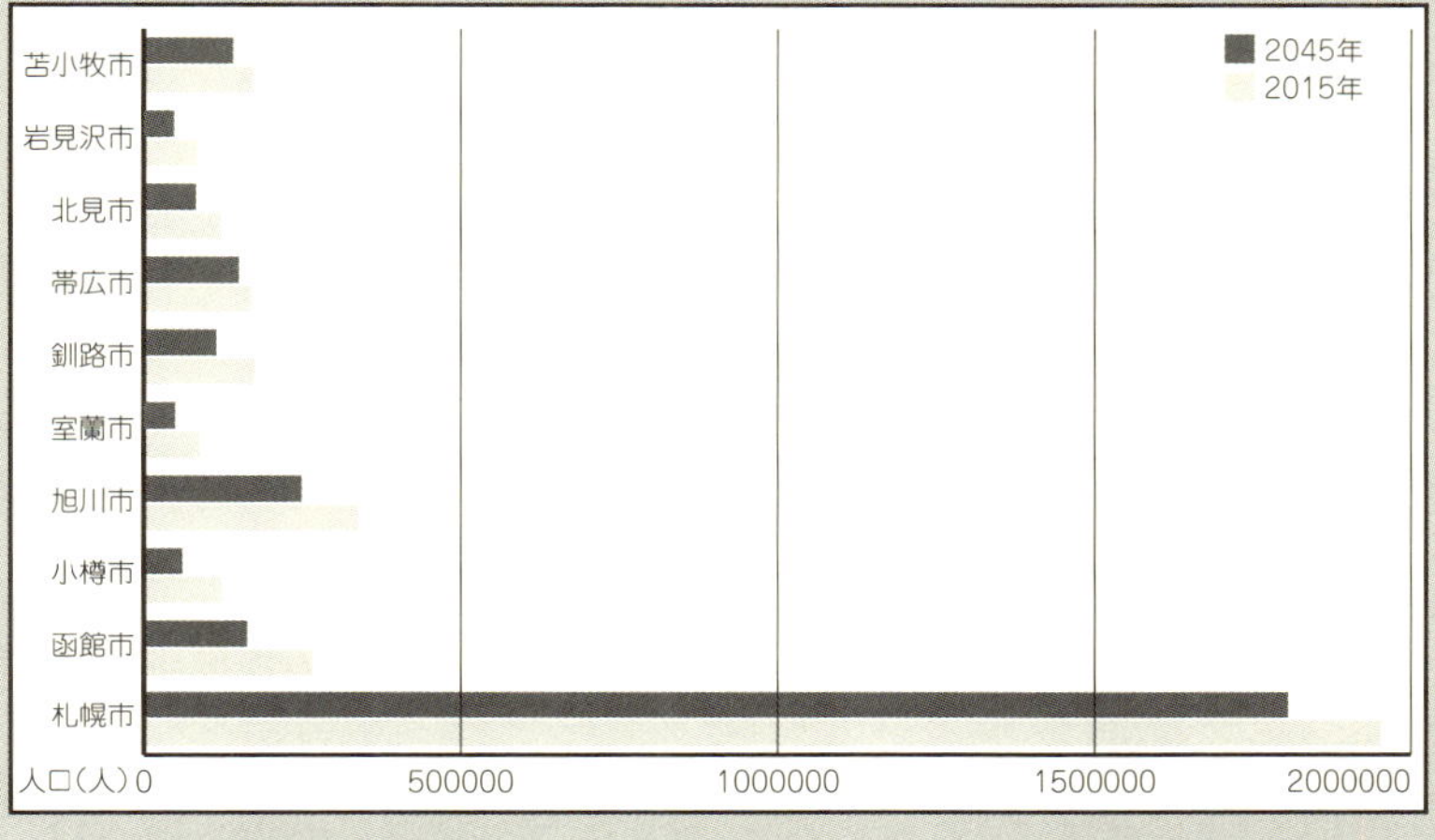

【図4】都道府県別公立学校の廃校数（平成14～29年）

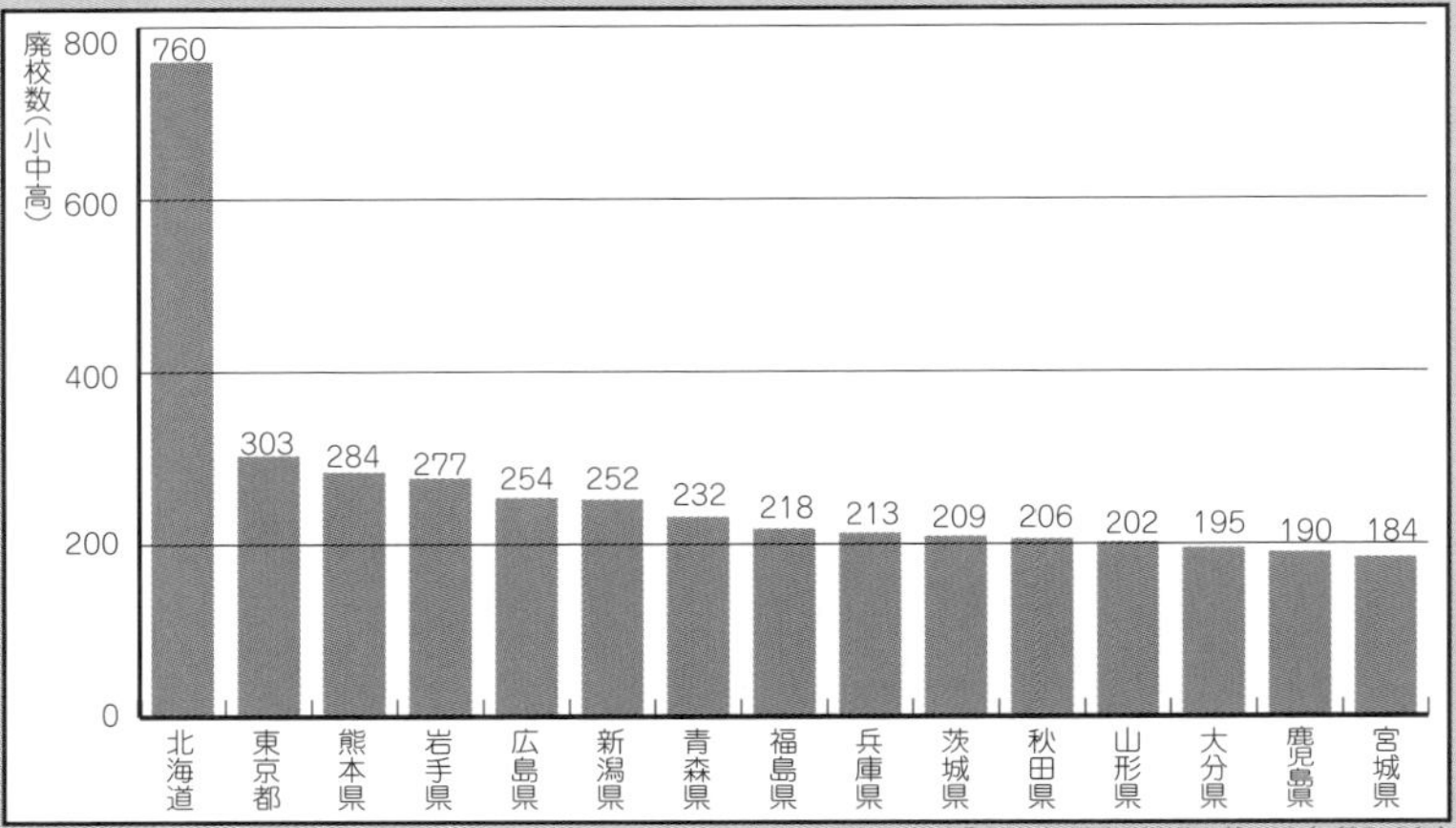

出典：文部科学省「廃校施設活用状況実態調査」（2018年）

ていくと指摘される。北海道の人口動態は全国の先駆けであり、縮図である。高度成長以来の半世紀を超えて続く、我が国における地方から大都市への若者の移動は、皮肉にも地方の持続可能性、地域創生を厳しいものとさせている。

3 社会と協働する教育課程が地域の未来を拓く

縦横の協働が支える社会に開かれた教育課程
～2035年の高校と社会を展望する～

筆者は前出の『高校教育の未来』の中で、教育基本法（2006年）、学校教育法（2007年）の改正など、一連の教育法制の改正や、30年振りに開催された中央教育審議会・高等学校教育部会（2011～14年）、高大接続改革の動向等を踏まえ、「2030年の期待される高校像」について、高校と社会が進める「縦横の連携・統合」（以下、本稿では縦横の協働と記す）の観点から描いた。本稿では、その後7年間の教育改革の実際を顧みるとともに、新たな動向を踏まえ「2035年の社会に開かれた教育課程」について、社会との協働を視座に再考察するものである。

「縦の協働」は、2012年に構想した入試制度改革（高大接続テスト）が、2020年代には大学入学者共通テスト等の導入をはじめとして、具体的に動き出した。高大接続改革は、大学入試改革をインセンティブとして、高校と大学の双方の教育を改善する三位一体の改革を目指した。入試では旧来求めた大量の記憶を短時間で正確に試験用紙に再現できる学力から、習得・活用・探究の学力の三要素のバランスのとれた資質・能力を求めた点において、いわば、1点刻みの得点を競う科挙試験から脱却し、幅広い豊かな学びの過程を評価しようとする試みであったと言える。そのため、高校では小中学校及び大学との連携を推進し、子どもたちに一貫性のある豊かな学びを担保することが重要である。

一方、「横の協働」は、２０１２年に構想した学校制度改革（教育区）の下で展開されるコミュニティ・スクール（以下、ＣＳ）の拡がりによって、地域住民の学校教育への参加、学校の地域資源の教材化、学校と地域社会との双方向の交流により、高校の学びに豊かさと深まりをもたらすことが肝要である。

しかし、これら２０１２年に構想し、２０２０年代に実践化が図られた「縦横の協働」には、いくつかの隘路が横たわっていたことも否めない。一つは、社会の変化の速さである。ＡＩやＩｏＴの急激な進歩は、２０２０年代には第４次産業革命やSociety5.0が着実に進展し、２０３０年代には通信速度が5Ｇから格段に高速化することや、「シンギュラリティ」（レイ・カーツワイル著・井上健監訳『シンギュラリティは近い』ＮＨＫ出版、２０１６年等参照）が現実に近づくことなどから、人々の職業生活や日常生活を劇的に転換することが予想される。しかし、その結果として、学校での教育内容が子どもたちに与える新鮮さの欠如、教師の専門性（従前の知識・理解など）のもつ意味の再吟味が課題となるだろう。

二つは、教育格差の課題である。地域間の教育インフラ、産業・経済、人口動態など、全国に広がる「地域間の格差」に加え、保護者の所得格差、世代間の経済的な格差、企業間の賃金・就業条件等の格差など、「様々な格差」の問題である。2020年代を通して、全世代型の社会保障への政策転換は進んだものの、英語の民間試験の得点状況や海外留学経験の有無などが、進学や就職の判定材料となると、これらの格差が、子どもたちのキャリア形成に大きな弊害となってくるのではないか。教育の機会均等、公平・公正な教育の実現が大きな課題となるのだろう――。

こうした予想に立って、近未来の教育は「社会に開かれた学校」から「社会に開かれた教育課程」へ一層探化させるとの文脈で再考する必要を痛感している。学校を社会と架橋させようとする取組（E・Gオルセン『学校と地域社会』小学館、1940年等を参照）は、20世紀前半から今日に至るまで、アメリカはもとより日本の教育にも大きな影響を与え続けてきた。この度の改革は、単に学校と社会が10橋で結ぶに留まらず、現実社会との確かなつながりを、教育課程の上で具現化することをねらいとしている点に、その核心がある。

「社会に開かれた教育課程」を創るには、次の三つの認識を意図することが前提となる。一つは、時間認識である。「社会」は、近未来の科学技術の発展や生活環境の革新はもとより、子どもたちが生きる時代の望ましい社会像（それは経済のみならず、人権や平和、民主主義が一層発展した時代であろう）を明確にすることが必要である。二つは、空間認識である。「社会」はローカル、ナショナル、リージョナル、グローバルな重層性を持っており、子どもたちは、それぞれの空間を同時に生きる主体であるとの認識が重要である。三つは、思想認識である。「社会」は人種、民族、国家はもとより、様々な歴史、伝統、文化をはじめ、見方や考え方、人生観や宗教観、政治や経済への認識などなど、多様性を有するとの認識を深め互いに認め合うことが肝要である。これらの認識の欠落する「教育課程」には、未来の豊かな地域創生はもとより、未来を担う子どもたちに教育的な責任を果たすことにも寄与しないであろう。

以下、筆者らが描いた『2030年の高校』（2012年）のうち、教育課程に焦点を当て、その後の社会の動向や教育課題などを踏まえて一部加筆修正の上、「2035年の高校」における「社会に開かれた教育課程」の姿を著すこととする。

ちなみに2035年は、今年生まれた子どもたちが高校生となっている頃である。共に本稿に著す近未来の教育を想像していただきたい――。たとえば、2018年に告示され、2022年から本格実施された指導要領は2028年に改訂され、2032年からは新指導要領が実施されているとも考えられる。この改訂では、AIや科学技術の進展に伴い、これからの時代に一層強く求められる「汎用」や「総合」、「創造」や「協働」などの資質・能力の育成を重視して、教科科目横断型の「探求の時間」が8単位必修で設けられ、キャリア、シティズンシップ、地域創生などに主体的に参画する内容を取り扱うことが示されているかもしれないのである。

学校制度改革と2035年の高校 ~コミュニティ・スクールとしての高校の姿~

さらに以下では、より具体的に2035年の高校を考えてみよう。舞台は私たちの北海道である。

2035年3月、北海道第15教育区にあるA高校では、新学区制が誕生してから5回目の卒業式が行われようとしていた。出席者は、主役である卒業生58名と在校生103名、校長以下教職員35名、教育関係者（教育課程地域コーディネーター・SSW・部活動地域メンター等）15名、保護者約70余名の他、来賓として教育区代表の教育区教育委員長、町教委の教育長、幼小中学校の校長等が並ぶ。さらに、卒業生を含む地域住民約30名と学校運営委員5名が指定の席に着いた。まさに、町に一つの高校の卒業式に地域の多くの人々が集い、町全体が自分のことのように盛大に卒業生の門出を祝うのである――。

この8年前、北海道では大都市部を除く地方において、地域としての経済・産業、歴史・文化、などで関連が深い市町村が集合し、交通網を整理して、一定のまとまりを持つ地域を区分して、教育区を編成した。教育区は人口や面積などで様々であるが、人口では概ね5~10万人を単位に、複数の市町村にまたがって形成される。

北海道第15教育区は、1市3町1村が集合して形成されており、人口は約5万人、面積は東京都に匹敵する。この地域では、かねてから経済圏や商圏としての住民間の交流が見られたが、教育区が形成されて以来、住民は各市町村の壁を越えた地域（教育区）への所属意識を深めた。

この地域には、かつて、市内に3校の道立高校、4町に4校（3町に各1校の道立高校と1町に1校の町立高校）、1村には1校の村立高校、合わせて八つの高校があった。しかし、1990年代からの過疎化と少子化の進行により、各高校の生徒数が減少し、各市町村の財政の逼迫もあって、2020年までに市内3校は1校に統廃合され、町立と村立高校は各町村民に惜しまれながらも閉校となり、残りの3町の3校（A・B・C高校）もそれぞれ定員割れが続いていた。そのため、高校存続を求める各市町では互いに地元の中学校卒業者の囲い込みや他の市町村からの入学者の確保のために生き残りをかけた入学者獲得競争を必死に展開した。各市町村は自身の高校を存続させるため、自他の市町村内の中学校を訪問し、PR合戦を繰り広げた。

また、予算をつぎ込み、奨学制度や通学費の補助から宿舎や寮の整備、教育活動の差別化を図ろうとした。その結果、かつては特色ある学校、あるいは特色ある教育活動と言われる取組がもてはやされ、高校間の競争が教育活動の質的改善を図るという面もあったが、その中心となった国際理解・環境・地域理解などのテーマ学習や、実験・実習・巡検などの方法、キャリア・ガイダンス等を重視した教育活動の質的改善が全ての学校で当然のように行われるようになった頃、特色ある教育から、真に教育の質を保証する高校教育が求められるようになった。

こうした高校教育の底上げとも言うべき身近な教育改革の過程を経て、教育区が誕生し、地域のどの学校に通っても同じ教育の質が保証される高校教育が展開され、その上で、生徒一人一人の個性を引き出し、伸張させるための学習環境が整備された。教育区における学びの共同体であり、公教育としての高校教育の再構築である。

北海道第15教育区を事例として、教育区の制度を詳述しよう。教育区内には1市4町1村の合わせて五つの行政単位が存在し、そこには五つの教育委員会事務局と5名の教育長が在任しており、各市町村部局から一定の制約を受けつつも独立して教育行政を担うが、教育委員会は市町村レベルでは廃止され、教育区に集約された。そこには、後述する各学校を運営する学校運営委員がメンバーとして加わることになる。教育委員会のメンバーは各市町村教育委員会事務局の推薦によって選出されるが、その代表としての教育区教育委員長は住民の直接選挙を経て選ばれ、教育区長と呼称される。教育区長は、教育区内の教育予算や人事等を責任をもって執行し、偏りのない地域教育経営を行うこととなる。

教育区長の行う人事権は、学校教職員の採用や異動から賞罰に至る大きなものである。教員の養成は大学が、採用試験は道（州）レベルの教育委員会事務局が実施するが、これは、教員の能力や適性を認める一次試験に過ぎない。一次試験を通過した教員希望者は、各道（州）内に編成された複数の教育区の中から、教職に就きたい教育区を選択して受験する。

昨年度の北海道第15教育区の採用試験には、高校教諭の求人5名に対して、11名の受験者があった。採用試験は面接によって行われるが、面接官は7名であり、内訳は代表が教育区長、他は新規採用者を求人する高校の所在する市町村教育長、同校長、同教職員代表、学校運営委員代表、保護者代表、生徒代表である。採用の可否について面接官の意見が分かれた場合には、教育区長に決定が委ねられる。

また、人事異動では教育区内の学校間に偏りが生じないように各市町村教育長や校長の希望を勘案しながら教育区内の人事異動を司る最終権限を掌握する。言うまでもなく、教育予算の編成・執行についても然りである。

採用面接試験や予算編成などの会議の様子はインターネット（地域ネット中継と称する）番組を使用して、いつでも地域住民が視聴することができる。このシステムの導入は、公教育への安心感を地域住民に与え、信頼される地域教育経営を担保する運営方式となった。

教育区ごとに採用・転勤等の人事が出来るようになったことから、地域に腰掛けと揶揄されるような短期間の赴任期間の教職員はいなくなり、各学校は地域住民からの支持を一層深めることになった。

学区内で2校（15年）以上勤務し、近隣の学校区から交換人事の交渉が行われた場合には、他の学校区への移動が認められる。また、校長・副校長採用に当たっても、他学区からの公募に応募する権利があり、教科や年齢構成のアンバランスを解消するための制度もあるが、大部分は採用された教育区内で定年まで勤める。そのため教職員は、多くの卒業生や保護者等、地域住民の模範として、あこがれと尊敬される存在となることが多い。

また、教職員は地域の教育を支える宝となることから、教職員の研修については、地域住民が全面的にバックアップする体制が出来上がり、希望により大学院や教育機関での研修が国（道州）からの補助金だけでなく、地域住民から捻出された予算によって十分に行われ、教育区間の教育レベルの差が大幅に縮小し、安心して地域で子育てができる人的環境も整備された。

各学校は校長によって経営されるが、各学校には学校運営委員が5名選出され、学校経営の改善と充実に向けて意見を述べる。また、学校運営委員は学校の評価者としての側面よりも、学校の協同経営者としての権利と責任を有し、月に1度の学校運営委員会に出席して学校経営の改善・充実に向けての意見を述べるとともに、授業や学校行事等にも地域の人材として積極的に協力する。

また、地域住民には学校存続に向けて1世帯当たり月1000円の学校税を支払い、学校存続への意思を示すことが一般化してからは、学校運営委員もその先頭に立って、学校経費の捻出や予算編成・執行に力を尽くしてきた。かつて、学校の役員の中には、口だけ出すが、労力や資金は出さないなどと揶揄された時代もあったが、今日では全く様相が違う。学校運営委員の多くは教育に対する識見が深く、地域の名士でもあり、豊かな人間性を有する市民性の持ち主である。また、保護者ではないことなどから、利害関係によって学校経営に不当な介入をすることはない。むしろ、学校で課題が生じた時には、率先して課題解決の道筋を校長や教職員とともに考え、共に歩むパートナーであり、スーパーバイザーでもある。

こうして、学校は学校運営委員の参画を通して教育経営の状況がガラス張りとなったことなどから、地域と深く結ばれ、一層、信頼される存在となり、その中で学校は地域住民が主体的に支える地域教育経営の中心に位置づけられることになったのである——。

CSにおける地域社会と協働する豊かな学び〜地域に開かれた教育課程の展開〜

ところで、A高校における教育活動の実際はどうなっているのだろう。

地域の経済・産業・歴史・文化など、様々な領域で活躍する地域の人材（遠方からの人材を含む）を招いて教育課程に協力してもらう活動や、地域の公共施設（資料館や博物館、図書館や自然科学館など）、企業・高等教育機関などへ赴いて活用する学びは、かねてから、意欲ある教職員が牽引して実践されてきた。そこには、教科・学年・学校という実施主体のレベルに差異こそあったものの、生徒の体験的で豊かな学びを保証するものとして重視され、また、多くの教育的な成果をあげてきた。

CSでは、地域が教育経営の主体であることから、地域の自然・産業・経済・社会・伝統・文化、言うなれば、そこに生きる人々の全ての営みそのものが、大切な教育環境として活用されることになる。したがって、学校が公共施設や地域の教育資源全体を活用した学習はもとより、学校と地域社会が協働して学習を展開することになった。地域で育つ子ども達が、地域の教育資源との有機的な協働の下で、「地域を知り、地域から学び、地域から発信し、地域へ還元する」いわば、「地域と共に学び、地域とともに生きる学び」としての体験的な学びが拡がったのである。

A高校は全日制普通科2クラスの小規模校であり、1学年の生徒数は50余名であることは、前述の卒業式の様子からご承知のことと思う。ここでは、毎年、第1学年の8月下旬から10月上旬の1ヶ月半に渡り、生徒が希望する三つのグループに分かれて体験的な学習を行う。各グループの定員は20名、ほぼ全員が希望のグループに所属することができるが、人数が大幅に偏った時にはくじ引きで第2希望に回ることも稀にある。しかし、生徒一人一人の希望に十分に配慮するとともに、民主主義の成熟からか、第1選択に漏れた場合にも苦情が出ることはなく、与えられた環境で教師と生徒が互いによい体験的な学びの機会を充実させようとする前向きな雰囲気にあふれる。

第1グループは、30年程前に惜しまれながらも閉校になった隣町の高校に宿泊し、農業体験と農産物を使っての様々な体験的な学習を実施するものである。

第2グループは、貸し切ったフェリーに乗船・宿泊して、漁業体験を実施するとともに水産物を使っての様々な体験的な学習を実施するものである。

第3グループは、地域の観光資源を調査し、旅行企画を立案し、さらには、旅行会社と提携して、実際に地域でのバス観光を運営する体験を積むものである。

三つの学習のそれぞれを紹介したいところが、紙枚の関係から第1グループの学びに焦点化して、以下、記載する。

第1グループは、地域の基幹産業の一つが農業であることから、地域教材を大いに活用し、そこに生きる人々の生活を通して、農業の大変さややり甲斐・生き甲斐について体得し、地域に生きる自己の在り方生き方について、体験を通して学ぶことを目標とする。

隣町のB高の校舎は、閉校直後に中学校として活用され、２０１０年代からは地域の災害防災施設として、２０２０年代からは青年宿泊施設として、宿泊研修や企業の研修等に活用されてきた。閉校したB高校は、農業高校としてスタートし、後に、進学者の増加等に対応して普通科を併置した経緯があり、校舎の他に広い農地と畜産施設を有していた。そのため、校舎以外の農業施設は、地域の農業団体が委託を受けて管理・運営し、公益の施設として活用されてきた。

第1グループの20名は、この施設に45日間に渡って宿泊し、豊かな学びを体験するのである。

朝は、ラジオ体操、各種打ち合わせから始まり、1校目からは農業体験（畑作と畜産）が開始される。昼食は、農園での新鮮な農作物を使ったメニューが並び、午後には農作物と畜産物を題材にした「生物」・「化学」の授業、日によっては、農業を題材にした「地理」・「政治・経済」の授業、農業の六次産業化を目指した「商・ビジネス」の授業などが実施される。むろん、「数学」「国語」「英語」をはじめ、その他の教科・科目についても、それぞれ、地域素材を活かした学習活動が行われる。

この間、学校での学びの連続性が途切れることによる学力低下の恐れは、「e-ラーニングシステム」（教育区内の高校をはじめ、国内外の協定大学（教育関係機関を含む）を結んだ双方向の学習システム）を活用した継続的な学びが担保されることで問題がなくなった。２０２０年代から急激に進展したEdTechが、公教育のツールとして誰もがいつでも利用できるようシステムと制度改革が行われた2030年代には、世界中の子どもたちがネットを介して高度な授業を視聴でき、アダプティブラーニング（個別に最適化された学習）も無料で提供されるようになって学校外での学習を後押ししてくれる。「e-ラーニングシステム」の急速な普及には、AIをはじめ科学技術の革新により、ICT教育や英語教育が極めて容易で廉価なものとなった背景がある。世界中で共有される「e-ラーニングシステム」では、英語が共通語として使われるが、日本語はもとより、世界の全ての言語がAI翻訳ソフトの飛躍的進歩によって、瞬時に翻訳（発音・筆記）されるようになってからは、世界の全ての人々が母語で学ぶことができるようになった。子どもたちが巣立つ社会では、ウェラブル端末が発展し、会話も文章も正確で瞬時の翻訳ツールが実現したため、世界は言語による分断や差別に陥ることがなく、あらゆる民族・国家が言語の壁を越えて、誇りを持ち、尊敬し合う時代がやってきた。かつて、英語の4技能が共通テストに問われたり、社内用語が英語になるストレスや、論文の英語表記のハンディに苦しむ人々がいたり、英語圏に生育しなかったがゆえに流暢な発音ができないことに劣等感を抱くことも、昔話になっている。

さて、放課後には、当番に分かれて宿舎の清掃、農場の片付けなどが行われるが、中でも夕食当番は生徒の人気を集める。農園から採れる豊富で新鮮な農作物と畜産場からの食材をふんだんに使い、調理師と栄養士の有資格者の地域メンターによる指導の下で、「家庭」の調理実習が毎日交代で行われるのである。時には、地域の代表的料理店のシェフが講師に招かれ、生徒を指導してくれる。

夕食後は1日の学びの振り返りと明日の予定を考える時間が設定され、ミーティングによる学び合いの体験の機会が持たれる。話し合われた内容は、自己評価・相互評価と教師や地域の講師からの評価を総合しながら、ポートフォリオにまとめられ学びの足跡が自己成長の貴重な蓄積となっていく。その成果であろうか、自由時間を活用して学びを深化させる生徒も出てくるのが通例である。就寝時間になり消灯、朝早い朝食や農場当番と打ち合わせに備えて、秋の澄んだ空気のもと満天の星座がきらめく下で生徒達は一日の疲れを癒す睡眠につくのである。

45日間の日程の前半15日間は、概ね、農作物の栽培実習と家畜の世話等の畜産実習が体験学習の中核に位置づけられる。中盤の15日間は、既に9月中旬の収穫期に入ることから農作物の収穫体験や家畜の搾乳等の体験学習が主となる。後半の15日間は、収穫した農作物や畜産物を食品加工する体験を積むとともに、それらを地域の市場に持ち込んで販売の体験をする。その際、インターネットを活用した販路の拡充や、第2グループと連携して水産物と交換したり、第3グループと連携して観光ツアーで農産加工品の販売実習の場を設けてもらうことなどへと、地域から全国へ、日本から世界との交流へと学びの輪が拡がっていく。

こうした豊かな学びは、学校運営委員はもとより、地域住民一人一人が「地域の子どもは地域で育てる」とともに「地域で育つ子どもは地域と世界をつなぐ宝物」との旗印のもとでCSでの協働を支えることによってはじめて成立するのである。

地域の教育資源を通して体験的に学んだ生徒達には、座学では得ることのできない貴重な学びの機会が与えられたが、この体験は学習意欲の向上に大きく寄与するものとなる。

10月中旬学校に戻った生徒達は、早速、農業体験を通して疑問に思ったことを整理しはじめる。たとえば、麦の収穫に当たり突然変異に疑問を持った生徒は、インターネットを使って第15教育区内の大学の院生に質問を送った。また、農業加工品の販売に当たり流通に興味をもった生徒は学校区内に商学・経済学を専門とする大学がないため、事前に協定された隣接学区の商学部の院生にネットで質問した。それぞれの生徒には、院生が丁寧な解説を付けて回答を送ってくれる。もちろん、教師たちも時間の限り、専門科目での指導に努め、生徒の豊かな学びを応援するのであるが、院生はもとより、地域の識者が時間を見つけて生徒の質問に答えてくれるシステム(「学びの支援システム」と呼称されている)が構築されていることが学びに広がりと深まりを与えるものとなる。

また、生徒は質問に終始することはない。学びの成果は、各自がレポートにまとめ、様々な方法でわかりやすく地域に発信する。特に、来年後輩として入学する中学生や、やがて自分たちの学びを発展させてくれるであろう小学生向けにも学習成果をわかりやすくまとめ、伝える機会を持つことは、生徒達の自己有用感や存在感を大いに高揚させることになる。

学習のまとめの発表機会は、地域住民への報告会へと発展する。1年生終了時の3月には、毎年、老若男女がA高校体育館に集って学習成果発表会が行われ、地域住民が高校生の学びの体験の発表を通して、自分たちの地域を再発見し、明日の地域を考える機会を地域住民と共有するのである。

地域が育ててくれた高校生が地域の学びを通して、地域に若い発想や未来への希望を発信するのであり、先輩の地域住民にとっては、地域の未来を託す青年たちへの期待が広がり、また、幼小中学生などの後輩たちには近未来の先輩の力強い成長の模範となる姿を現すのである。

すなわち、地域の縦横の協働の中核に位置する高校が「社会に開かれた教育課程」を展開している地域には、子どもと地域の真の絆が生まれ、明日の地域創生に夢と希望が見出せる。ここに、CSの真髄がある。横の協働は、縦の協働と一体化した「縦横の協働」として、地域教育経営が支える公教育としての高校を再生させ、そこに展開する「社会に開かれた教育課程」が、地域の未来を拓くものとなるのである。

（堂徳　将人）

あとがき

本書を刊行しようと考えたのは、激変する社会における高校教育改革にどのように向き合っていくかとの問い直しにあった。教育は「よりよく生きて、よりよい未来を担う人」を育む営みでもあることから、学校には高校生が活躍する近未来の社会像を展望することが必要である。そのため、中央教育審議会答申（2016年）が提唱し、新学習指導要領（2018年告示）の理念となった「社会に開かれた教育課程」の実現は、極めて重要であると思惟される。

一方、グローバル化や科学技術が一層進展する現在は、高校生が大人になる10~20年先の社会の有り様を展望することが極めて難しい。本会が設立した1990年からの30年間を顧みても、社会の変化は加速度的に早まってきており、近未来の望ましい社会像を共有しつつ教育に当たることの重要性を強く認識させられている。

そのような中、新指導要領をテーマに研究会を重ねてきた。2016年度は国立教育政策研究所部長の大杉昭英氏、2017年度は日本大学文理学部教授の広田照幸氏、2018年度には文科省初等中等教育局財務課長の合田哲雄氏、2019年度には埼玉大学教育学部教授の桐谷正信氏を講演講師にお招きして、貴重で示唆に富む知見を頂戴した。この数年間にわたる研鑽の上で、本書は構想された。本書では、会員が各所属校で「社会に開かれた教育課程」の具現化を目指して取り組んだ「身近な教育改革」の挑戦を具体的に著すとともに、未来への展望と改善の志を持つことをコンセプトにした。また、社会観や教育観は多様性を有することが前提であるから、「よりよい社会」と「そこに向けて開かれた教育課程」にも各学校・教師・地域が協働した様々なアプローチの可能性が拡がることを例示した。本書が、全国各地で高校教育に携わる皆様にお読みいただき、それぞれの地域社会や学校、一人ひとりの先生方の実践の一助となればこの上ない幸いである。

本書が形になるに当たっては、学事出版株式会社の二井豪氏とスタッフの皆さんに大きなお力添えをいただいた。二井さんは、章立てや見出しの構成から校正に至るまで、札幌と東京の距離を埋めようと熱心に編集作業に当たられた。また、花岡萬之副社長には本会設立以来30年にわたり夏の研究大会に参加され激励をいただいてきた。お二人は本会を「全国的にも珍しい研究会」と評してくださる。「身近な教育改革」を掲げる本会のよき理解者であり応援者である。両氏に心より感謝して、お礼を申し上げる。

２０１９年10月

北海道高等学校教育経営研究会事務局長　堂徳　将人

【編著者・執筆者一覧】

★編著者

辻　　敏裕（クラーク記念国際高等学校教育顧問・北海道高等学校教育経営研究会会長）

堂徳　将人（北海商科大学教授・北海道高等学校教育経営研究会事務局長）

★執筆者一覧（執筆順、○は編集委員）

第1章

○辻　　敏裕

加藤　伸城（北海道富川高等学校教諭）

第2章

宮田日出夫（北海道教育庁十勝教育局主幹）

清水美由紀（北海道ニセコ高等学校長）

辻　　芳恵（北海道上富良野高等学校長）

松田　圭右（北海道おといねっぷ美術工芸高等学校長）

○柴田　健一（北海道札幌南陵高等学校長）

間　　義浩（北海道留萌高等学校長）

濱田　哲也（北海道稚内高等学校教頭）

谷　　尊仁（北海道札幌英藍高等学校教頭）

川瀬　雅之（札幌市立北翔養護学校長）

○小形　秀雄（北海学園大学講師）

第3章

大屋敷　全（北海道札幌東陵高等学校教諭）

山崎　　誠（北海道遠軽高等学校長）

吉川　敦巳（北海道札幌東高等学校教諭）

松澤　　剛（市立札幌開成中等教育学校教諭）

後藤　寿樹（北海道札幌丘珠高等学校教諭）

○森　　靖明（北翔大学教授）

千葉　哲也（北海道上富良野高等学校教頭）

福間あゆみ（北海道鵡川高等学校教諭）

山本　昌枝（北海道砂川高等学校教諭）

奥山　逸子（北海道北見商業高等学校教頭）

城戸　和彦（北海道白老東高等学校長）

下川　欣哉（北海道岩見沢西高等学校教諭）

第4章

岡積　義雄（札幌心療福祉専門学校長）

○堂徳　将人

※所属は2019年10月現在

【編著者略歴】

辻　敏裕（つじ・としひろ）

▼クラーク記念国際高等学校教育顧問▼北海道高等学校教育経営研究会会長

北海道弟子屈町出身。道立高校教諭（数学）の後、１９９４年道教委にて教育行政職（高校教育課長等）、道立高校教頭・校長を歴任。２００９年札幌南高校長（北海道高等学校長協会会長）を務める。その後、専門学校校長を経て、２０１５年から現任。本会では２０１０年から会長。

堂徳 将人（どうとく・まさと）

▼北海商科大学教授▼北海道高等学校教育経営研究会事務局長

北海道夕張市出身。道立高校教諭（地歴・公民）の後、１９９４年道立教育研究所研究室長、道教委にて教育行政職、道立高校教頭・校長を経て、２００８年から現任。研究テーマは、主権者教育・公民教育、教育経営、高大接続、クロスカリキュラムなど。本会では２０１０年から事務局長。

北海道高等学校教育経営研究会

１９９０年設立の有志の研究会。以来30年間にわたり身近な教育改革を理念にして、研究と実践に努めてきた。会員は主に北海道の高校の教職員からなり、月例の学習会や夏と冬の研究大会を開催している。

ＨＰアドレス　https://koukeiken.jimdofree.com

「社会に開かれた教育課程」を実現する高校

——これからの社会を見通した学校経営と授業——

2019年12月5日　初版発行

編　著　者——辻　敏裕・堂徳将人
（北海道高等学校教育経営研究会）

発　行　人——安部 英行

発　行　所——学事出版株式会社
〒101-0021
東京都千代田区外神田2-2-3
☎03-3255-5471
HPアドレス http://www.gakuji.co.jp/

●編集担当——二井　豪
●デザイン——田口亜子
●編集協力——上田　宙
●印刷・製本——研友社印刷株式会社

落丁・乱丁本はお取り替えします。

ISBN 978-4-7619-2586-4　C3037　Printed in Japan